쉬운
교리

## 쉬운 교리

© 생명의말씀사 2025

2025년 4월 25일 1판 1쇄 발행

펴낸이 | 김창영
펴낸곳 | 생명의말씀사

등록 | 1962. 1. 10. No.300-1962-1
주소 | 서울시 종로구 경희궁1길 6 (03176)
전화 | 02)738-6555(본사)·02)3159-7979(영업)
팩스 | 02)739-3824(본사)·080-022-8585(영업)

지은이 | 박재은

기획편집 | 서정희, 김자윤
디자인 | 조현진
인쇄 | 영진문원
제본 | 다인바인텍

ISBN 978-89-04-03190-0 (03230)

저작권자의 허락 없이 이 책의 일부 또는 전체를
무단 복제, 전재, 발췌하면 저작권법에 의해 처벌을 받습니다.

보통 사람을 위해
성경으로 풀어가는 조직신학

# 쉬운 교리

박재은 지음

생명의말씀사

## 추천사

조직신학은 우리의 신앙생활에 절대 필요합니다. 내가 무엇을 믿는지를 분명하게 알게 해 주고, 이단으로부터 우리를 보호해 주기 때문입니다. 하지만 '조직신학' 하면, 다소 어렵게 느껴집니다. 이 책의 탁월함은 신학적 깊이를 유지하면서도 이해하기 아주 쉽게 글을 전개했다는 것입니다. 박재은 교수는 한국의 대표적인 조직신학자이면서 동시에 탁월한 커뮤니케이터입니다. 그의 강의와 설교를 듣고 책을 읽으면 신학을 매우 쉽고도 깊게 그리고 감동적으로 이해할 수 있게 됩니다. 이 책은 이단이 난무하며 반기독교적인 정서가 밀려 오는 이 시대에 모든 성도가 반드시 곁에 두고 읽어야 할 책입니다.

**박성규(총신대학교 총장)**

옛적 어른 조나단 에드워즈는 그의 설교에서 "모든 성도는 신학을 해야 한다"라고 말했습니다. 신학이 신학자들만의 영역이 아니라 모든 교회 공동체가 동일하게 알고 고백하는 근본 개념과 원리가 되어야 하기 때문입니다. 이 책은 교회 공동체가 꼭 알아야 할 내용을 범주별, 주제별로 나누어 친절하게 설명하고, 핵심 용어 요약 및 교리 정리를 통해서 성경의 큰 그림을 대단히 잘 구축해 줍니다. 성경을 많이 읽어 말씀이 익숙하다는 것과 말씀의 의미를 바로 아는 것은 전혀 다른 이야기입니다. 이 책은 자신이 알고 있는 이해를 냉정하게 직시하고 이해도를 높이도록 세심히 도와줍니다. 인간은 학습하는 존재이고 학습은 노력을 요구합니다. 이 책이 바른 학습을 위해 유용하고 진지한 독서가 되도록 도울 것입니다. 불안과 불확실이 만연한 시대일수록 믿음의 내용을 적극적으로 배우고 마음에 담아 다시 확인하고 반복 학습하는 것이 성도의 의무요 책임입니다.

서자선(광현교회 권사, 『읽기복』 저사)

저자 박재은 교수는 16-17세기 개혁 신학을 과거에만 머무는 과거 지향적 신학이 아니라 현대 속에서도 적용 가능한 신학으로 만들려고 애쓰는 분으로 잘 알려져 있습니다. 동시에 어려운 신학 용어 및 개념을 매우 쉽게 설명하는 능력을 가진 학자입니다. 『쉬운 교리』도 같은 맥락에서 나온 귀한 책입니다. 조직신학을 성경으로만 풀어가서 보통 사람들도 조직신학 핵심 교리를 쉽게 이해할 수 있도록 애쓴 이 책을 기쁘게 추천합니다.

이찬수(분당우리교회 담임목사)

# 목차

**추천사** 4
**들어가는 글** 10

## 1장. 보통 사람을 위한 조직신학 ___ 조직신학 서론

목사도 교수도 아닌데 왜 내가 신학을 알아야 하나? 17
조직신학이 뭐길래? 21
조직신학은 순서가 있는가? 아니면 순서 없이 막 공부해도 되는가? 24
신학적 도미노 30
조직신학은 이성으로 하는가? 믿음으로 하는가? 34
조직신학은 삶의 변화의 시작이다 38

## 2장. 알파와 오메가 ___ 성경론

조직신학의 알파와 오메가는 기록된 성경 말씀이어야만 한다 47
모든 것을 다 말하지는 않지만, 모든 원리는 다 말하고 있다 52
성경은 인간이 썼으므로 최소한의 인간적인 오류는 있지 않을까? 58
팥빵의 팥 65
꿈과 환상으로 하나님을 만난다? 70

**3장. 세상의 헛된 신을 버리고** ___ 신론

유신론 vs. 무신론      81
무한성 vs. 유한성      86
초월성 vs. 내재성      90
통일성 vs. 다양성      95
계획성 vs. 무계획성    100
자유 보장 vs. 자유 침해  106


**4장. 욕심이 잉태한즉 죄를 낳고** ___ 인간론

인간만 압도적으로 특별하다        117
깨달을 수 있고, 느낄 수 있으며, 행할 수 있다   122
손에 손잡고 벽을 넘어서           130
죄인이라고 하지 마, 기분 나쁘니까    135
죄를 지으면 벌을 받는 게 세상의 이치라고 하더라   140

## 5장. 정말로 다행이다 ___ 기독론

정말로 다행이다　149
정말로 최악이다　154
정말로 찝찝하다　159
정말로 압도적이다　165
정말로 은혜다　172
정말로 기대된다　178


## 6장. 은혜 위에 은혜러라 ___ 구원론

은혜와 공로　189
부르신다　195
다시 태어나게 하신다　200
믿게 하신다　206
의롭다 칭하신다　211
거룩하게 살게 하신다　216
끝까지 책임지신다　222

## 7장. 두세 사람이 내 이름으로 모인 곳에는 ___ 교회론

교회는 몸이다　233
교회는 상처다　238
교회는 예배다　243
교회는 말씀이다　248
교회는 성례다　253
교회는 교제다　259

## 8장. 마지막, 그리고 새로운 시작 ___ 종말론

이미, 그러나 아직 아닌　269
왕의 귀환　274
얼굴이 해같이 빛나며 옷이 빛과 같이 희어졌더라　279
양은 그 오른편에, 염소는 왼편에　286
새 하늘과 새 땅　294
창조와 재창조　300

**나가는 글**　308

### 들어가는 글

'만남'이란 실로 아름다운 말입니다. 우리는 모두 얽히고설켜 있습니다.

이 책의 저자로서 독자인 여러분들과 책으로 만남을 맺게 되어 하나님 앞에 참으로 감사할 따름입니다. 이 책을 통해 '신학적 관계'가 더 깊어져 '같은 하나님'을 '하나님'으로 함께 고백했으면 좋겠습니다. '같은 주'를 '주'로 함께 고백했으면 좋겠습니다. 그거면 됩니다. 책을 시작하기에 앞서 이 책의 특징을 몇 가지 말씀드리고 싶습니다.

첫째, 이 책은 쉽습니다. 아니, 더 정확히 말하면 쉽게 쓰려고 노력했습니다. 물론 쉽다고 해서 글의 무게가 가볍다는 뜻도 아니요 쉽다고 해서 띄엄띄엄 대충대충 읽어도 된다는 뜻도 아닙니다. 신학은 사실 그 무게가 대단히 무거운 학문입니다. 그 이유는 무한한 하나님에 대한 학문이기 때문입니다. 물론 무거운 신학을 한없이 무겁게 진술하는 책들은 시중에 너무나도 많습니다. 소위 조직신학 '벽돌 책'들이 즐비합니다. 그러나 이 책을 통해서는 신학의 무게는 진솔하게 가져가되, 그 무게를 전하는 방식에는 접근성을 높이려 노력했습니다. 만약 술술 읽은 후 모든 내용이 휘발하여 허공으로 날아가 버리는 것이 아니라, 한껏 무거운 무게로 뇌리 안에 진중하게 담겨 있을 수만 있다면 이 책은 성공한 것입니다.

둘째, 이 책은 '보통 사람'을 위한 책입니다. 그것은 이 책이 고도의 논의가 포함된 학술 서적이 아니라는 뜻입니다. 의도적으로 각주나 미주도 넣지 않았습니다. 보통 사람을 위해 최대한 어려운 신학 용어도 의도적으로 배제했습니다. 어려운 신학 논쟁에 대한 소개도 최대한 배제했습니다. 제가 그렇게 좋아하고 사랑하는 19-20세기 네덜란드 개혁파 교의학자 헤르만 바빙크(Herman Bavinck, 1854-1921)와 그의 글도 전혀 등장하지 않습니다. 보통 사람이 읽어도 조직신학의 핵심 뼈대와 살을 한눈에 조망할 수 있도록 최대한 '보통스럽게' 책을 집필했습니다.

셋째, 이 책은 성경으로만 풀어가려고 노력했습니다. 이 책 속에는 제가 또한 좋아하고 사랑하는 16-17세기 '개혁신학'이 명시적으로 등장하지 않습니다. 오히려 핵심 주제들에 대해 최대한 '성경으로만' 풀어나가려 노력했습니다. 성경이 말하는 곳에서는 함께 말하고, 성경이 말하지 않는 곳에서는 함께 말하지 않고, 성경이 걸으면 같이 걷고, 성경이 멈추면 같이 멈추려고 노력했습니다. 성경적인 신학이 가장 바른 신학이고, 성경적이지 않은 신학이 가장 거짓된 신학일 줄 믿습니다.

넷째, 이 책은 조직신학 책입니다. 조직신학은 곧 교리입니다. 교리는 신앙의 '뼈대' 역할을 감당하지요. 뼈대가 흔들리면 사람이 제대로 서 있을 수 있을까요? 뼈대가 휘청휘청하는데 그 누가 똑바로 서 있을 수 있겠습니까? 신앙생활도 마찬가지입니다. 신앙생활은 비법으로 하는 것도 아니요 요령으로 할 수 있는 것도 아닙니다. 기본기가 가장 중요합니다. 뼈대가 튼튼해야 합니다. 조직신학이 바로 그런 역할을 감당합니다. 이 책을 통해 보통 사람들이 신앙의 뼈대만큼은 '보통스럽지' 않고 오히려 탁월해지길 소망합니다. 가랑비에 옷 젖듯, 이 책을 찬찬히 읽다 보면 나도 모르게 신앙의 뼈대가 굳건히 잡히고 신앙의 골격이 점진적으로 튼튼해질 줄 믿습니다. 바른 조직신학은 이 일을 능히 감당할 수 있습니다.

이 책을 통해 저와 여러분들 사이에 '신학적 관계'가 생겼습니다.

이 신학적 관계가 단순히 인간적인 만남으로 끝나지 않고 여러분과 삼위일체 하나님 사이의 탄탄한 '신학적 관계'로 재창조되고 재구성되면 좋겠습니다.

  이 책을 통해 하나님을 더 깊이 알고, 하나님을 더 깊이 사랑하고, 하나님을 위해 더 깊이 더 많은 일을 했으면 좋겠습니다. 그렇게만 된다면 저는 족합니다.

## 서론

1장은 '조직신학 서론'을 다룬다. 신학에서 서론이 지닌 의미는 목적지를 향해 가기 위해 내비게이션을 찍는 것이다. 신학을 왜 알아야 하는지, 조직신학이 무엇인지, 조직신학을 이성으로 하는 것인지, 아니면 믿음으로 하는 것인지, 조직신학을 왜 해야 하는지에 대해서 기초적인 지도를 그린다. 지도를 잘 그리고 내비게이션을 잘 찍어야 아름다운 목적지에 무탈하게 도달할 수 있을 것이다.

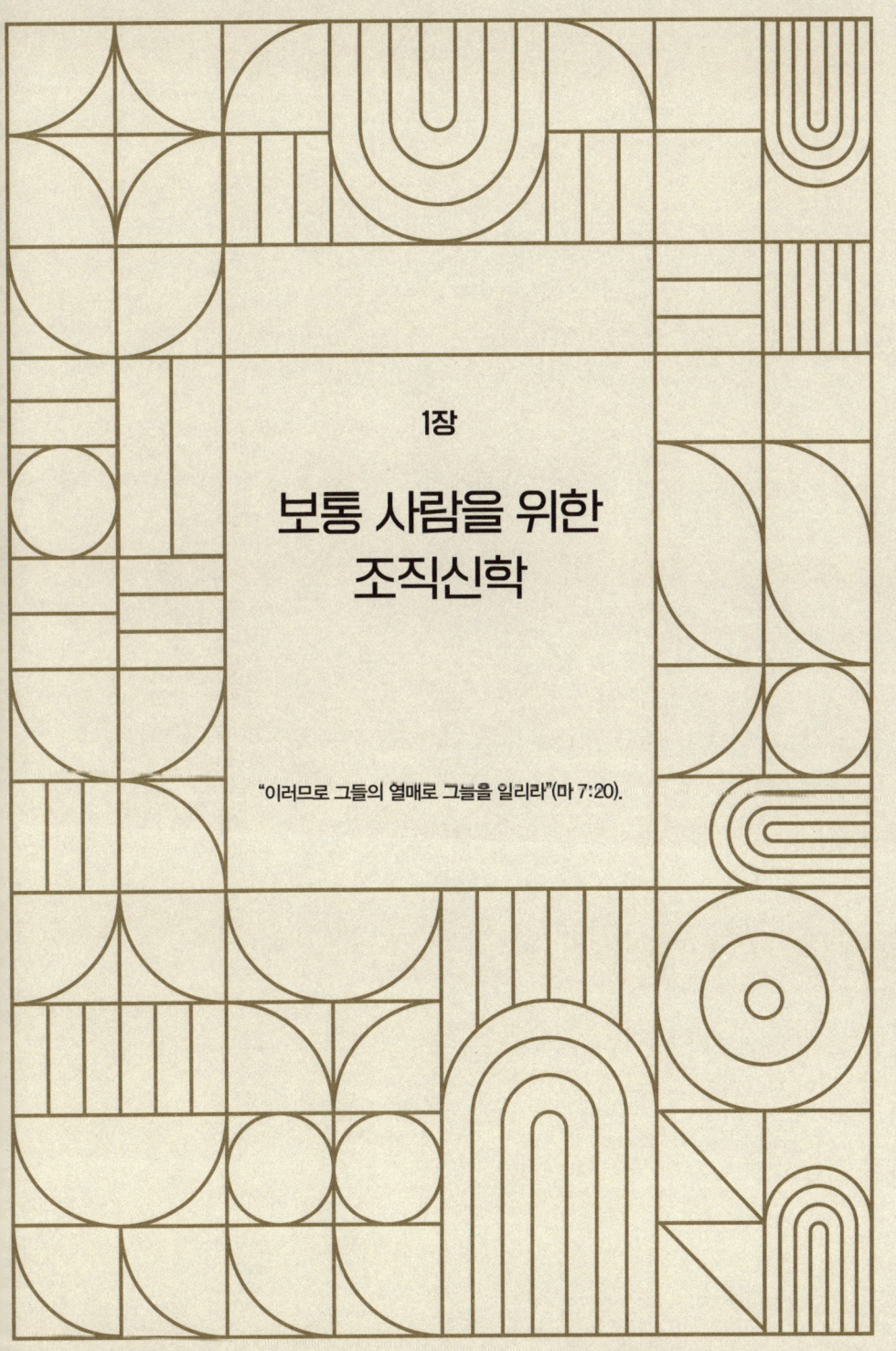

1장

# 보통 사람을 위한 조직신학

"이러므로 그들의 열매로 그들을 알리라"(마 7:20).

목사도 교수도 아닌데
왜 내가 신학을 알아야 하나?

많은 사람이 고개를 갸우뚱하며 의문을 갖는다.

'왜 교회 목사도 아니고 신학교 교수도 아닌데, 내가 굳이 힘들게 신학을 알아야만 하나? 현재 먹고살기도 힘든데, 그냥 편하게 교회 다니면 안 되나? 그냥 신실하게 예배드리고, 찬양하고, 기도하면 되지, 왜 자꾸 신학을 알아야 한다고 말하나? 꼭 신학을 알아야만 하나?'

이 갸우뚱한 질문에 대한 답은 분명하다. '반드시 알아야 한다'이다. 그 이유는 신학이 '나침반'이기 때문이다. 물 한 모금 없이 뙤약볕만 내리쬐는 사막에 홀로 서 있다고 상상해 보라. 어느 쪽이 좌측이며, 어느 쪽이 우측인지 전혀 알 길이 없는 '소망 없는' 사막 한가운데 서 있다. 참으로 절망적인 상황이다. 이제 어디로 갈 텐가? 어디로 가도 확신이 서지 않을 것이다.

다행스럽게도 사막에 들어가기 전 사전 정보를 하나 가지고 있었다. 바로 사막 북쪽 부근에 오아시스가 있다는 것이다. 이제 북쪽으로만 가면 된다. 좌측으로 돌아가든, 우측으로 돌아가든, 어찌 됐든 북쪽으로만 가면 물을 마실 수 있다. 물을 마셔야 산다. 그러나 문제는 어느 쪽이 북쪽인지 알 길이 없다는 점이다. 절망적이다.

이때 신학은 어느 쪽이 북쪽인지 알려 준다. 신학은 생명의 길이 어느 쪽인지, 하나님이 기뻐하시는 선택이 무엇인지, 어느 쪽으로 가야 생명의 물을 흠뻑 마실 수 있는지 알려 준다. 신학은 나침반이다. 디모데후서 3장 16절이 이 사실을 증거한다.

"모든 성경은 하나님의 감동으로 된 것으로 교훈과 책망과 바르게 함과 의로 교육하기에 유익하니"(딤후 3:16).

신학이 나침반인 이유는 신학이 '모든 성경으로부터' 나오기 때문이다. 신학이 "하나님의 감동"으로 된 "모든 성경"으로부터 나오기 때문이다. 디모데후서는 신약성경이고 신약성경은 헬라어(혹은 그리스어, 희랍어라고도 한다)로 기록되었는데, 우리말로 "하나님의 감동으로"라고 번역된 헬라어 단어는 '테오프뉴스토스'(θεόπνευστος)다. 이 단어는 '하나님'이라는 뜻을 지닌 헬라어 단어 '테오스'(θεός)와 '숨을 쉬다'라는 헬라어 단어 '프네오'(πνέω)가 조합된 단어로, 의역하면 '하나님이 숨을 불어넣으신'이라는 뜻이다.

하나님이 숨을 불어넣으신 모든 성경은 우리가 잘못된 길로 가면 하나님의 숨으로 우리를 '책망'한다. 마치 북쪽을 향해 가야 하는데 남쪽으로 가면 나침반 바늘이 요동치며 경고하는 것처럼, 성경과 그 성경에 근거한 바른 신학은 잘못된 길로 가는 우리를 하나님의 숨으로 '책망'하고, 우리의 방향을 하나님의 숨으로 '바르게 잡아 주고', 우리의 방향성이 바른 방향성이 되도록 하나님의 숨으로 '교육'한다. 그러므로 성경에 근거한 신학은 나침반이다. 신학은 탈수와 탈진으로 죽어갈 우리를 북쪽 오아시스로 이끌 수 있는 생명의 나침반이다.

교회를 오래 다녀도 삶의 변화가 없는가? 오랫동안 교회의 직분자로 최선을 다해 교회를 섬겼는데 삶 속에 기쁨과 감사가 충만히 채워지지 않는가? 그 이유는 정작 열심히는 하고 있지만 바른 나침반이 없이서, 잘못된 실로 열심히 가고 있었기 때문이라고 조심스럽게 진단해 볼 수 있다. 북쪽에 오아시스가 있다면 북쪽으로만 가야 한다. 동쪽으로 혹은 서쪽으로 혹은 남쪽으로 아무리 열심히 달려가 봐도 만약 오아시스가 북쪽에 있다면 절대로 오아시스를 만날 수 없다. 잘못된 길로 열심히 달려가는 것만큼이나 안타까운 일은 없다.

바른 나침반만 있다면 그 어떤 사막도 이겨 낼 수 있다. 전인(全人)이 아무리 망망대해에 내던져졌다 하더라도 바른 나침반만 있다면 육지로 되돌아갈 수 있다. 그러므로 신학은 절망적인 사막에 놓인 우리에게 희망이다. 신학은 절망적인 망망대해에 빠진 우리에게 소망이다. 바른 신학의 마지막에는 우리를 살리는 오아시스가 있을 것이고, 짜디짠 바닷물에 빠져 죽어가는 사람들이 간절히 만나기 원하는 육지, 바로 그 육지가 있을 것이다. 육지 위에는 죽은 줄로 알았던 가족을 오매불망 기다린 사랑하는 그들의 가족들이 서 있을 것이다. 마치 집 나간 탕자를 기다리고 있던 아버지처럼 말이다.

■ 핵심 용어 정리 ■

**테오프뉴스토스** (θεόπνευστος, 하나님의 감동으로)
성경의 기록 방식을 묘사하는 헬라어 단어다. 인간 저자가 성경을 기록했지만 그 기록이 단순히 '인간의 글'로 남지 않고 '하나님의 말씀'으로 인정받는 가장 궁극적인 이유에 대한 묘사이다. 성경이 하나님의 말씀인 이유는 하나님께서 인간 저자에게 숨을 불어넣어 인간 저자를 감화·감동시켜 기록했기 때문이다.

**책망**
성경의 대표적인 기능이다. 성경은 하나님의 말씀에 어긋나 죄 가운데 살아가는 사람들을 책망하는데 그 이유는 바른 교훈으로 우리를 바르게 만들어 의로 교육시키기 위함이다.

**변화**
삶의 변화는 성경 말씀을 통해서만 가능하다. 성경 말씀이 궁극적으로 나를 해석하고, 나를 해체하고, 나를 인도하고, 나를 바꾸기 때문이다.

## 조직신학이 뭐길래?

'조직신학'이라는 용어는 뭔가 어감부터 무섭다. 자꾸 '조직' 폭력배가 떠오른다. 왠지 딱딱할 것 같고, 재미도 없을 것 같다. 그러나 조직신학은 무서운 신학이 아니다. 물론 딱딱하거나 재미없는 신학도 아니다. 오히려 반대다. 조직신학은 아름답다. 대단히 아름답고 찬란한 신학이다.

조직신학에서 '조직'은 '체계적'(systematic)이라는 뜻이다. 그래서 조직신학을 영어로 표현할 때는 'systematic theology'라고 한다. 신학은 본연의 성격상 체계적일 수밖에 없다. 왜냐하면 신학(神學, *theologia*)이라는 말의 뜻이 '하나님에 대한 지식'인데, 하나님이라는 분이 중구난방식의 무질서한 존재가 아니시기 때문이다. 고린도전서

14장 33절 말씀을 살펴보자.

"하나님은 무질서의 하나님이 아니시요 오직 화평의 하나님이시니라"(고전 14:33).

고린도전서는 바울 사도가 기록한 성경으로, 그는 하나님을 "무질서"의 하나님으로 보지 않았고 오히려 "화평"의 하나님으로 보았다. 무질서하면 화평이 사라진다. 반대로 질서가 생기면 비로소 화평이 소록소록 싹튼다.

폭설이 내릴 때를 생각해 보라. 눈이 너무 많이 내리면 질서가 완전히 깨진다. 도로 위에는 차들이 얽히고설켜 거대한 주차장을 방불케 하고, 대중교통을 이용하려는 시민들이 몰린 지하철역은 그야말로 무질서와 혼돈의 아수라장이 된다. 무질서하면 화평이 깨진다. 무질서하면 평화가 깨진다. 무질서는 아름답지 않다. 아름다움이 싹 사라진다.

하나님은 무질서한 분이 아니라 질서와 규모가 있는 분이시다. 그분의 계획은 영원하고 불변하며 정확하다. 그러므로 그분의 존재(하나님은 누구신가)와 사역(하나님은 무슨 일을 하시는가)은 모두 다 체계적이고 질서정연하다. 그러므로 하나님의 존재와 사역은 대단히 아름답고 찬란하다. 그 안에는 참된 샬롬(평화)과 복됨만이 있을 뿐이다.

조직신학이라는 학문은 아름답다. 질서와 체계 가운데 아름답게

서 계신 하나님을 체계적으로 묘사하고 진술하고 고백하는 학문이기 때문이다. 그렇다면 조직신학이 참된 조직신학이 되려면 어떻게 해야 할까? 반드시 '진리'를 다루어야 한다. 진리는 애매모호하지 않다. 진리는 무질서하지 않다. 진리는 자기의 모습을 중구난방으로 바꾸지 않는다. 오히려 진리는 그 본연의 성격상 체계적일 수밖에 없다. 진리는 그 궁극적인 토대가 '질서'다. 진리는 질서 위에 세워진다. 그러므로 조직신학을 제대로 전개하면 '진리'가 드러난다. 그 진리는 반드시 아름다울 것이다.

■ **핵심 용어 정리** ■

**조직신학**
신학은 하나님에 대한 지식을 탐구하는 학문이므로 그 본연의 성격이 조직적이고 체계적일 수밖에 없다. 신학의 대상인 하나님이 질서와 규모가 있는 분이시기 때문이다. 이처럼 조직신학은 질시와 규모 가운데 계신 하나님을 체계적으로 탐구하는 학문이다.

**질서와 무질서**
바른 신학은 질서를 이끌어 내고, 바르지 못한 신학은 무질서를 이끌어 낸다. 그러므로 바른 신학은 질서에 입각한 샬롬(평화)을 우리에게 선사할 것이고, 바르지 못한 신학은 혼돈과 공허만 우리에게 선사할 것이다.

**아름다움**
신학의 색깔을 묘사하는 표현으로 진리에 입각한 바른 조직신학은 그 본연의 성격이 아름다울 수밖에 없다. 아름다운 하나님에 대한 근원적인 탐구는 궁극적인 아름다움을 필연적으로 이끌어 낸다.

## 조직신학은 순서가 있는가?
## 아니면 순서 없이 막 공부해도 되는가?

조직신학에는 기본적인 순서가 있다. 물론 신학에서 '순서'라는 말을 사용할 때는 '기계적 순서'를 말하는 것은 아니다. 기계적 순서란 A와 B 사이의 상호 유기성, 상호 협동성을 차치한 채 A 다음에는 무조건 B, B 다음에는 무조건 C라는, 다소 딱딱한 기계적 인과율에 함몰된 성격을 가진 순서를 뜻한다. 하지만 신학은 이런 기계적 순서로 이루어지지 않는다. 오히려 '논리적 순서'로 조직신학은 구성된다.

그렇다면 논리적 순서란 무엇일까? 그것은 '전제'(前提, premise)에 대한 이야기다. 예를 들어 보자. 인간의 성별은 남자와 여자만 존재한다. 이것이 성경의 가르침이다(창 1:27). 남자는 임신할 수 없고 여자만 임신이 가능하다. 이것이 창조 원리다. 그렇다면 누군가가 임신했다고 해 보자. 그 누군가는 남자인가, 여자인가? 당연히 여자일 것이다. 왜냐하면 임신의 논리적 전제가 '여자'이기 때문이다. 그러므로 여자라는 논리적 전제에 근거해야만 임신 및 출산이 가능하게 된다. 이런 측면에서 여자와 임신은 서로 유기적 관계 속에서 논리적 전제에 입각한 순서를 일정 부분 가지고 있다.

조직신학도 마찬가지다. 신학을 논리적 순서로 따져 물을 때 첫 번째 순서가 바로 성경에 대해 다루는 학문인 '성경론'이다. 그 이유는 성경이 없으면 신학도 없으며, 성경이 존재하지 않는 한 그 어떤 인간도 신학을 자의로 전개할 수 없기 때문이다. 성경론을 다른 말로 하면 '계시론'이라고도 부른다. '계시'(啓示, revelation)는 '드러남'이라는 뜻이다. 하나님이 자신을 우리에게 계시하지 않으셨다면, 즉 하나님이 자신을 우리에게 드러내지 않으셨다면 우리는 절대로 신학을 할 수 없다. 그러므로 성경론, 즉 계시론이 조직신학의 가장 첫 번째 논리적 순서를 반드시 선점해야 한다.

성경론(계시론)에 충실하다 보면 무조건 논리적으로 뒤따라 나오는 신학이 바로 하나님에 관해 탐구하는 '신론'이다. 그 이유는 당연하다. 하나님이 자기를 스스로 계시하신 성경에 충실하다 보면 그 계시의 주체인 하나님이 드러나게 되기 때문이다.

하지만 안타깝게도 성경과 신학을 공부하는 사람 중에서 신학을 열심히 공부한 결과 하나님이 드러나지 않고 자기 스스로가 드러나는 사람들이 있다. 교만이 드러나고 아집과 고집이 드러난다. 그렇게 되면 어떻게 해야 할까? 다시 논리적 순서의 첫 번째인 성경론으로 돌아가야 한다. 다시 성경을 제대로 읽어야 한다. 다시 성경을 제대로 해석해야 한다. 다시 계시론의 빛 안에서 자신의 전인을 겸비하게 되돌아봐야 한다. 그때 비로소 자신은 죄인이고 하나님만이 거룩하고 공의로운 하나님이심이 계시되어 밝히 드러나게 될 것이다.

신론을 통과한 결과 '인간론'이 싹트게 된다. 그 이유는 간단하다. 하나님을 제대로 만난 사람은 반드시 자기 자신의 본성과도 조우하게 되기 때문이다. 대표적인 성경의 예가 바로 시몬 베드로다. 예수께서 베드로에게 "깊은 데로 가서 그물을 내려 고기를 잡으라"(눅 5:4)고 말씀하셨다. 그때 베드로는 예수님의 말씀에 순종해 그물을 내려 압도적인 양의 고기를 잡게 된다. 베드로는 그때 하나님을 만났다. 계시의 정점이라고 하는 '로고스'(λόγος, 말씀)를 만난 것이다. 참 하나님을 만난 베드로의 반응은 어땠는가? 성경은 다음과 같이 묘사한다.

"시몬 베드로가 이를 보고 예수의 무릎 아래에 엎드려 이르되 주여 나를 떠나소서 나는 죄인이로소이다 하니"(눅 5:8).

베드로의 고백은 참으로 '인간론적'이다. 자기를 가리켜 무엇이라고 칭하는가? "나는 죄인이로소이다"라고 칭한다. 이것이 바로 하나님을 제대로 만난 사람의 특징이다. 신론을 제대로 통과한 사람은 반드시 참된 인간론과 조우하게 된다.

인간론은 비참함으로 마친다. 즉 하나님 앞에 선 자기의 모습이 얼마나 죄인인가를 처절하게 느끼게 된다. 죽어야 마땅한 죄인으로 끝나기에 인간론으로만 마치면 소망이 전혀 없다. 그러므로 인간론 다음의 논리적 순서는 '기독론'이다. 기독론은 '그리스도론'이라고도 말할 수 있는데, 예수 그리스도의 인격(그리스도는 누구신가)과 사역(그리스도는 과거에 어떤 일을 하셨고, 현재 어떤 일을 하고 계시며, 앞으로 어떤 일을 하실 것인가)에 대한 학문이다.

인간의 깊이와 넓이와 폭을 제대로 아는 사람은 반드시 기독론의 깊이와 넓이와 폭도 파악하게 된다. 그 이유는 비참한 죄인을 구원해주실 분은 오직 주 예수 그리스도밖에 없다는 사실을 깨닫게 되기 때문이다. 이것이 바로 로마서의 구조다.

"죄가 더한 곳에 은혜가 더욱 넘쳤나니"(롬 5:20).

인간론을 통해 죄가 더함을 깨닫고 은혜가 얼마나 필요한지에 대해 갈망하는 것, 그것이 바로 기독론의 시작이다.

기독론을 통과해야만 '구원론'에 이를 수 있다. 그 이유는 예수 안에서만 구원을 누릴 수 있기 때문이다. 하나님은 죄인들에게 구원을 찔끔찔끔 베풀지 않으신다. 하나님은 인색한 분이 아니시다. 오히려 하나님은 구원의 은혜를 압도적으로 풍성하게 베푸시는 분이다. 이를 '구원의 서정'(the ordo salutis), 즉 '구원의 순서'라고도 부른다. 구원의 순서는 기본적으로 부르심(소명), 중생, 회심(믿음과 회개), 칭의, 양자(입양), 성화, 견인 등으로 개념화된다. 하나님은 이렇게 다양한 구원의 선물들을 그리스도 안에 있는 죄인들에게 풍성하고도 포괄적으로 베풀어 주신다.

구원론을 통과한 사람들이 한두 명 이상 모이면 '교회론'으로 발전된다. 전통적으로 교회를 가리켜 '어머니'라고 불렀다. 그 이유는 교회는 어머니처럼 아이를 출산해서(즉 죄인을 거듭나게 해) 잘 양육하는 역할을 반드시 해야 하기 때문이다. 그렇다면 어떻게 하면 죄인을 거듭나게 할 수 있을까? 사실 거듭남은 오로지 하나님의 주권에만 달려 있다. 그럼에도 최소한 교회는 하나님이 은혜를 베풀어 주시는 방식인 말씀 설교와 성례(세례와 성찬)를 바르게 시행해야 할 필요가 있다. 말씀의 바른 선포와 성례의 바른 집행이야말로 참된 교회와 거짓 교회를 가르는 기준점이다.

안타깝게도 교회가 아직 완성된 것은 아니므로 '종말론'이 필요하다. 구원도 교회도 '이미' 다 이루어졌지만(already), 그럼에도 '아직' 온전히 완성된 것은 아니다(but not yet). 그 이유는 여전히 '죄'가 존재하기 때문이다. 그러므로 죄가 완전히 사라지고 개인과 온 우주가 완전히 회복될 그날에 대해 논하는 종말론이 반드시 필요하다. 종말론은 모든 것이 다 끝나버리는 이야기가 아니다. 오히려 종말론은 모든 것이 다 새롭게 시작되는 이야기다.

이처럼 조직신학은 성경론(계시론), 신론, 인간론, 기독론, 구원론,

교회론, 종말론의 논리적 순서를 밟아 가면서 공부하면 좋다. 물론 기계적 순서가 아니라 논리적 순서이므로 각 순서 사이의 유기적 관계성과 상호 협력성을 염두에 두면서 포괄적으로 조직신학을 공부하는 것이 가장 좋다.

---

■ 핵심 용어 정리 ■

**논리적 순서**
기계적 순서의 반대 표현으로, A 다음에 무조건 B가 따라 나오는 것이 아니라 B가 오기 전에 유기적 상관관계 속에서 이미 존재해야 하는 '전제'(premise)인 A를 우선적으로 고찰한다는 의미이다. 조직신학의 논리적 전제의 최우선 순위는 성경이다.

**조직신학 각론**
조직신학은 크게 7가지의 각론으로 구성되는데 성경론, 신론, 인간론, 기독론, 구원론, 교회론, 종말론 등으로 구성된다.

**유기적 관계**
조직신학의 각론들은 상호 독립적으로 존재하지 않고 오히려 상호 유기적으로 서로가 서로를 지향하고, 지탱하며, 상호 협력적으로 서 있음을 묘사하는 표현이다.

## 신학적 도미노

예전에 어린 딸들과 함께 도미노 놀이를 정말 많이 했다. 도미노 놀이의 핵심은 작은 도미노 조각들을 세우는 데 있지 않다. 오히려 핵심은 마지막 하이라이트 순간 전까지 어렵게 세운 도미노를 절대 쓰러뜨리지 않는 데 있다. 2시간 이상 차곡차곡 세워 놓은 도미노를 한순간에 넘어뜨려 딸아이를 서럽게 울렸던 가슴 아픈 기억이 있다. 열심히 공들여 세팅해 놓은 도미노를 넘어뜨리는 아빠는 무조건 나쁜 아빠다.

조직신학도 마찬가지다. 앞에서 살펴봤던 조직신학의 논리적 순서는 도미노와 같다. 성경론(계시론), 신론, 인간론, 기독론, 구원론, 교회론, 종말론은 도미노의 조각들처럼 나란히 세워져 있다. 이 중 하나라도 무너지거나 넘어지면 다른 교리들도 다 함께 무너져 넘어가 버린다. 왜냐하면 조직신학의 각 각론은 서로 유기적으로 밀접하게 연결되어 있기 때문이다.

예를 들어 성경론이 무너졌다고 생각해 보자. 기록된 성경 말씀을 하나님의 말씀으로 인정하지 않는다면, 그다음 순서의 신학이 과연 제대로 전개될 수 있을까? 거의 불가능에 가깝다. 인간이 더 이상 하나님 앞에서 죄인이 아니라면 사실 구세주 예수 그리스도를 다루는 기독론은 필요 없어진다. 기독론이 무너지면 그 기독론의 기반 위에 세워져 있는 구원론은 당연히 무너질 수밖에 없다. 구원론이 무너지면 구원받은 사람들이 모이는 언약 공동체인 교회도 당연히 무너질 수밖에 없다. 이 모든 것이 다 무너지면 종말에 대한 기대와 소망까지도 크게 남아 있지 않게 될 것이다. 즉 처음이 무너져도 다 무너지고, 중간이 무너져도 다 무너지고, 마지막이 무너져도 전후좌우로 다 영향을 끼치기 때문에 결국 다 무너질 수밖에 없다.

그러므로 조직신학은 '포괄적으로' 전개해야 한다. 포괄적으로 전개한다는 뜻을 다르게 표현하면 '신학적 공제'를 조심해야 한다고 귀결될 수 있다. 신학적 공제란 무엇일까? '공제'(控除, deduction)라는 단어는 무엇인가를 '빼거나 떼는 것'을 의미한다.

예를 들어 보자. 신론의 영역 중에서 아주 중요한 논의가 바로 삼위일체 하나님에 대한 논의다. '삼위일체 하나님'이라는 표현의 의미는 하나님이 성부 하나님, 성자 하나님, 성령 하나님이라는 세 위격들로 계시지만, 동시에 그 세 위격들은 본질이 동일한 한 하나님이시라는 의미다. 물론 기독교는 그 궁극적인 의미가 '그리스도교'이기 때문에 예수 그리스도가 당연히 중요하다. 그리스도가 중요한 이유는 삼위일체의 세 위격들 중 두 번째 위격인 성자 하나님이 성육신하셨기 때문이며, 성육신하신 그리스도께서 십자가의 속죄 사역을 감당하셨기 때문이다. 또한 바로 이 그리스도를 믿음으로 구원받고, 구원받은 사람들은 그리스도와의 연합 가운데 교회에 속하게 되기 때문이며, 교회의 완성도 그리스도의 재림(다시 오심)으로 가능하게 되기 때문이다. 맞다. 예수 그리스도는 기독교의 핵심이요 신구약성경의 중심축이다.

그럼에도 불구하고 기독론 외의 다른 조직신학 학문들이 단 하나라도 상대적으로 공제되어서는 안 된다. 기독론 외의 다른 신학의 영역이 상대적으로 약화되어서도 안 된다. 즉 그리스도 외의 것을 '빼거나 떼서는' 안 된다. 그렇게 신학적 공제가 이루어질 경우 조직신학의 풍성함과 포괄성이 약화되어 신학 본연의 아름다움과 찬란함이 반감될 수 있기 때문이다.

늘 도미노를 염두에 두어야 한다. 조직신학의 각각의 각론들은 모두 다 중요하고 다 소중하다. 하나라도 지나치게 강조되거나 하나라도 지나치게 공제된다면 결국 도미노가 무너져 모든 신학이 다 무너지는 치명적인 결과가 초래될 것이다.

■ 핵심 용어 정리 ■

**신학적 공제**

특정 의도를 가지고 전체를 보지 않고 일부만 바라보는 폭 좁은 신학적 시각 및 태도를 뜻한다. 제7대 조직신학 각론은 포괄적으로 전체를 조망해야지, 한 가지 각론에만 특별히 집중해 다른 각론들이 무시되거나 논외로 상정돼서는 안 된다.

**위격**

성부·성자·성령 삼위일체 하나님을 묘사할 때 사용하는 전문적인 신학 용어로 성부·성자·성령 하나님의 복수성과 구별성을 묘사하기 위해 사용하는 용어이다. 성부는 제1위격, 성자는 제2위격, 성령은 제3위격으로 지칭한다.

**속죄 사역**

속죄 사역은 예수 그리스도께서 죄인들을 위해 행하신 일을 총체적으로 지칭하는 표현이다. 그리스도가 하신 일은 죄를 대신 사하는(속하는) 대속 사역이었다.

조직신학은 이성으로 하는가?
믿음으로 하는가?

혹자는 말하길, 기독교는 과학적이지 않고, 합리적이지도 않고, 이성적이지도 않으며, 기껏해야 초자연주의에 입각한 무속적 신비주의에 가깝다고 말한다. 기독교는 합리적이지 않은 종교이니 현대의 합리적인 사회 속에서 마땅히 폐기되어야 할 종교라고 소리 높여 외친다. 또한 이 시대는 그리스도인들을 합리적이지 않은 성경 말씀을 맹목적으로 믿는 집단 히스테리에 빠진 광신도로 폄하한다.

그러나 종교의 근본은 '믿음' 즉 '신앙'이지, 실증적이고도 합리적인 판단이 아니다. 사실 신학의 대상인 하나님이라는 존재 자체가 인간의 이성적인 생각을 압도적으로 뛰어넘는 초월적인 존재이시다. 성경이 증거하듯, 하나님은 삼위일체로 존재하신다(마 3:13-17). 삼위일체를 수학적인 시각으로 살펴보면 1=3이고 3=1이다. 이는 수학적으로 모순이며 비합리적인 공식이다.

사실 기독교 신학의 핵심은 이해되기 때문에 믿는 것이 아니다. 만약 이해돼서 믿는 것이라면 반대로 이해되지 않으면 믿지 못한다는 뜻도 되기 때문이다. 삼위일체란 개념은 인간의 이성으로는 온전히 이해할 수 없는, 이성을 초월하시는 창조주 하나님의 존재 양식이다.

기독교 신학이 삼위일체 하나님을 고백하는 이유는 1=3이고 3=1이라는 수학적 공식으로 하나님이 이해되기 때문이 아니라, 오히려 우리의 이해의 범주라는 '합리적 박스' 너머에 계신 하나님을 하나님으로 신앙하기 때문이다. 이해하기 때문에 믿기보다는, 믿기 때문에 이해하게 되는 것이다. 인간 이해의 범주 안에 존재하는 것이 아니라 범주 밖에서 초월한 채로 존재하시면서 동시에 인간의 이해 안으로 주체적으로 들어오시는 분이 바로 하나님이시다.

조직신학적 앵글로 성경, 하나님, 인간, 그리스도, 구원, 교회, 종말을 살펴볼 때 어느 정도까지는 인간의 이성으로 이해될 수 있지만, 더 깊이 들어가다 보면 반드시 '신비'에 부딪히는 순간이 찾아오게 된다. 신비에 부딪힐 때의 반응은 크게 두 가지다. 첫째는 부딪히는 것을 사뭇 못 견뎌 하며 결국 신앙을 버리고 이성을 좇는 것이다. 둘째는 신비에 부딪히는 것에 감사하며 하나님의 초월주이심을 겸비한 자세로 인식·인정해 신비로운 하나님 앞에 무릎을 꿇고 찬양과 경배를 드리는 것이다.

조직신학을 하는 이유는 하나님을 차가운 개구리 해부대 위에 올려놓고 인간의 이성과 합리적 판단으로 하나님을 낱낱이 해부하기 위함이 아니다. 오히려 하나님을 더 잘 믿기 위함이요 이 믿음에 근거해 하나님 앞에 부복하여 하나님께 참된 경배와 찬양과 송영을 올려드리기 위함이다. 로마서 10장 17절을 살펴보자.

"그러므로 믿음은 들음에서 나며 들음은 그리스도의 말씀으로 말미암았느니라"(롬 10:17).

그리스도의 말씀을 체계적으로 정리한 조직신학의 진리들을 바르게 듣고 바르게 공부하다 보면 '바른 믿음'이 생겨날 줄 믿는다. 믿음의 눈으로 바라보는 성경, 하나님, 인간, 그리스도, 구원, 교회, 종말은 우리에게 비합리적이고도 맹목적인 신앙을 부추겨 종교적 광기에 휩싸인 광신도로 우리를 함부로 주조(鑄造)하지 않는다. 오히려 정확히 정반대의 결과가 창출된다. 믿음의 눈으로 조직신학적 주제들을 바라볼 때 비로소 성경, 하나님, 인간, 그리스도, 구원, 교회, 종말이라는 조직신학적 가르침들이 마땅히 받아들여질 수 있는 합리적이고도 이성적인 가르침이라는 사실이 인식되고, 그 가르침들이 실제로 우리 삶의 구체적인 자리에서 주체적으로 역사하기 시작한다.

믿음은 이성을 배제하지 않는다. 믿음은 이성을 폄하하거나 거세하지 않는다. 오히려 믿음은 이성을 세운다. 믿음은 이성을 거듭나게 만든다. 거듭난 이성은 모든 것을 믿음으로 바라보게 만든다. 그러므로 바른 조직신학은 믿음과 이성을 거듭난 형태로 함께 바르게 사용한다.

---

■ 핵심 용어 정리 ■

**신비주의**
신비주의는 주관주의형 인식론의 한 영역으로 객관적인 근거 없이 인간의 느낌이나 감정, 혹은 감성에 근거해 사고하고 사유하는 인식의 틀이다.

**믿음**
기독교적 인식의 핵심 방식이다. 기독교는 보이지 않는 것을 실상(實相)으로 바라보는 인식론적 틀을 가지고 있는데 그 인식의 기초적인 틀이 바로 믿음이다. 믿음은 하나님께서 베풀어 주시는 선물이다.

**이성**
하나님의 형상을 가진 인간이 기본적으로 가지고 있는 지적인 능력이다. 인간은 이성을 통해 사유하고 사고하고 언어 활동 및 추상적이고도 관념적인 생각을 할 수 있다. 죄로 인해 이성이 심각히 왜곡되었기 때문에 반드시 거듭난 이성이 필요하다.

## 조직신학은 삶의 변화의 시작이다

신학을 하는 이유가 중요하다. 누군가에게는 신학이 교만의 통로가 될 수 있다. 신학을 하면서 교회 안에서 자신의 지식을 뽐내기 바쁘다. 신학을 전혀 공부하지 않은 사람들 앞에서 으스대며 어설픈 지식을 늘어놓기도 한다. 교만의 핵심은 남을 무시하는 행위다. 신학을 하지 않은 사람을 깔보고 무시하고 폄하한다면 정말 최악이다.

신학을 하는 이유는 삶을 세우기 위함이다. 삶을 세우는 게 도대체 뭘까? 바로 '변화'다. 변화가 일어나야 한다. 더 정확히 말하자면, 신학을 '하기 전'과 신학을 '한 후'는 반드시 달라야 한다. 다름이 핵심이다. 삶의 다름이 있어야 한다.

조직신학은 체계적인 학문이기 때문에 삶의 변화도 체계적으로 나타난다. 성경론, 신론, 인간론, 기독론, 구원론, 교회론, 종말론이라는 조직신학 제7대 각론의 빛 아래서 이를 설명해 보자.

조직신학을 바르게 하다 보면, 먼저 성경을 바라보는 관점이 달라진다. 핵심은 성경을 '존중'하게 된다는 것이다. 성경이 공격과 의심의 대상이 아니라, 인정과 존중의 대상으로 변한다. 성경을 존중하는 사람은 하나님도 존중하게 된다. 많은 현대인은 하나님을 공격하는 신학을 전개한다. 하나님이야말로 악의 저자(the Author of Sin)이고, 모든 악의 책임을 져야 할 나쁜 존재이며, 예정론으로 사람들을 괴롭히는 잔인한 독재자이자, 자기 멋대로 지옥을 만들어 사람들에게 영원한 고통을 선사하는 변태라고 공격한다. 하지만 하나님은 이처럼 심심풀이 땅콩 식으로 공격받을 대상이 아니시다. 하나님은 존중과 경배 받기에만 합당한 분이시다.

하나님을 존중하다 보면, 인간에 대한 관점도 바뀐다. 인간들처럼 본성이 악한 존재를 끝까지 사랑하시는 하나님의 은혜를 깨닫게 된다. 은혜가 충만하신 하나님 앞에 선 인간은 참으로 죄악 된 존재라는 사실을 깨닫게 된다. 인간의 죄성을 깨달으면 깨달을수록, 예수 그리스도께서 십자가에서 하신 속죄 사역의 은혜가 더 깊이 다가오게 된다. 그리스도께서 자신의 피 값으로 얼마나 교회를 굳건히 세우시고 얼마나 그 교회를 사랑하시는지를 여실히 느끼게 된다. 교회를 향한 그리스도의 사랑과 관심과 돌봄을 느끼는 사람은 그리스도께서 그러셨던 것처럼 그리스도의 몸 된 교회를 사랑하게 된다.

교회를 향한 무조건적인 비판과 비난이 난무하는 요즘이다. 그러나 교회는 우리가 마땅히 존중하고 사랑해야 할 존재이지 정죄로 점철되어서는 안 될 존재다. 교회를 사랑하는 사람은 교회의 완성도 오매불망 고대하게 된다. 종말에 대한 시각이 열린다. 종말은 모든 죄악이 말갛게 희게 될 순간이며 모든 굽어졌던 것들과 왜곡된 것들이 공의와 정의로 새롭게 회복될 순간이다. 그러므로 바른 신자는 비관적인 시각으로 세상과 교회를 바라보지 않고, 낙관적인 시각을 견지한 채 앞으로 완성될 교회와 세상을 기대감 가득한 눈빛으로 바라보게 된다.

조직신학은 삶의 변화의 시작이다. 가치관과 세계관이 달라지기 때문이다. 하나님을 하나님으로 인정하는 관점이 열리고, 하나님의 절대 주권을 인정하는 관점이 열리게 된다. 다음 구절을 보자.

"이와 같이 좋은 나무마다 아름다운 열매를 맺고 못된 나무가 나쁜 열매를 맺나니 좋은 나무가 나쁜 열매를 맺을 수 없고 못된 나무가 아름다운 열매를 맺을 수 없느니라"(마 7:17-18).

조직신학을 바르게 하면 좋은 나무가 탄생한다. 하나님이 그렇게 만들어 주신다. 조직신학을 바르게 소화하면 "좋은 나무"가 되어 "아름다운 열매"를 맺게 된다. 조직신학이 왜곡되면 "못된 나무"가 되어 결국 "나쁜 열매"만 양산된다. 좋은 나무의 특성은 하나님을 하나님으로 인정하고 하나님의 절대 주권을 무한히 존중한다는 점이다. 아름다운 열매는 어떤 일을 하든 그 일을 통해 하나님이 영광을 받으시는 것이다. 하나님이 영광을 받으신다는 말은 무슨 뜻일까? 바로 하나님이 기뻐하신다는 의미다.

우리가 조직신학을 공부함을 통해 하나님이 기뻐하신다면 가장 바르게 조직신학을 한 것이다. 이보다 더 좋은 금상첨화는 없다. 하지만 만약 반대로 조직신학을 공부함을 통해 자신의 이름을 드높이거나 자신의 지식을 자랑하거나 자신의 명성과 평판만 유지하려고 한다면, 결국 자신의 영광을 위해 신학을 하는 것과 똑같다. 그것은 "나쁜 열매"다(마 7:17-18). 그러므로 그리스도께서는 "이러므로 그들의 열매로 그들을 알리라"(마 7:20)라고 일갈하셨다.

본격적으로 조직신학을 공부하기 전, 과연 나는 어떤 열매를 바라고 있는지 겸비한 자세로 반드시 스스로를 되돌아봐야 한다.

■ 핵심 용어 정리 ■

**하나님의 절대 주권**
신학함의 알파(시작)와 오메가(끝)이다. 신학함의 시작은 하나님의 절대 주권을 인식·인정하기 위함이고, 신학함의 끝은 인식·인정함을 즐기고 누리기 위함이다.

**가치관**
한 사람의 생각이나 신념 속에서 무엇이 가장 비중 있고 소중한 것인가를 결정·판단하는 관점을 뜻한다. 그리스도인의 가치관은 '하나님 중심'이 되어야 한다.

**세계관**
한 사람이 이 세상을 살아가면서 자신이 살아가고 있는 세상을 바라보는 관점과 가치론적 틀을 뜻한다. 그리스도인의 세계관은 '말씀 중심'이 되어야 한다.

### 한 장으로 정리하는 교리

**'조직신학'이란?**

조직신학이란 학문은 특정 인물, 특정 단체만의 전유물이 절대 아니다. 조직신학은 성경을 손에 들고 있는 모든 '보통 사람을 위한' 학문이다. 조직신학은 '나침반'이다. 나침반 없이 길을 떠나면 결국 향방 없이, 정처 없이 이곳저곳 헤매다가 기진맥진해 쓰러져버리고 말 것이다. 조직신학이라는 나침반을 들고 길을 떠나면 진리의 빛을 향해 효과적으로 갈 수 있을 것이다. 그러므로 조직신학은 어둠 가운데 있는 우리에게 있어 찬란한 빛의 역할을 감당할 수 있다.

**조직신학의 체계성**

조직신학은 그 자체로 체계적이다. 그러므로 서론(성경론), 신론, 인간론, 기독론, 구원론, 교회론, 종말론이라는 조직신학 각론들은 서로 유기적으로 얽히고설켜 있다. 조직신학 각론들은 서로가 서로를 지탱하며 서 있기 때문에 하나라도 무너지면 마치 도미노가 쓰러지듯 와르르 다 무너질 수 있다. 그러므로 조직신학은 포괄적인 조망 하에 서론에서부터 종말론까지 거시적·미시적 관점으로 함께 살펴봐야 한다.

**조직신학은 일반 학문이 아니다.**

일반 학문은 인간의 이성에 입각한 실증적 증거로 움직여 간다. 하지만 조직신학은 '믿음'으로 한다. 물론 믿음으로 한다는 의미가 이성을 배제하거나 거세한다는 뜻은 절대 아니다. 오히려 조직신학은 믿음을 통한 '거듭난 이성'으로 전개하는 학문이다. 믿음이 가장 뚜렷한 실증적 증거이며, 믿음이 가장 효과적인 신학의 방식이다.

조직신학은 사변이나 관념에만 건조하게 머무는 학문이 아니다. 오히려 조직신학은 그 자체로 '실천적'이며 '실존적'이다. 바른 조직신학은 '바른 나무'의 역할을 감당한다. 그러므로 조직신학을 바르게 할 때 비로소 많은 '바른 열매들'이 삶의 구석구석에서 창출된다. 삶의 변화가 이끌어진다. 삶의 변화가 목도되기 시작한다.

조직신학은 이처럼 영광스러운 학문이며 찬란한 학문이다.

■ 묵상 및 토론 질문 ■

1. '조직신학'이라는 '나침반' 없이 광야와 같이 팍팍한 이 세상을 살아갈 때의 결과는 어떨까? 왜 신학이라는 나침반이 꼭 필요할까?

2. 조직신학의 제7대 각론, 즉 서론(성경론), 신론, 인간론, 기독론, 구원론, 교회론, 종말론이 서로 유기적으로 연결되어 있는 신학적 도미노라면, 내가 현재 가장 약한 도미노 부분은 어디일까? 어떻게 하면 약한 부분을 강화시킬 수 있을까?

3. 교리를 공부할 때 반드시 필요한 거듭남과 믿음이 나에게 있는가? 나의 거듭남과 믿음을 어떻게 점검할 수 있을까?

## 성경론

1장 조직신학 서론에 이어서 2장은 '성경론'에 대해 다룬다. 신학은 처음과 끝이 같아야 한다. 신학의 처음과 끝은 성경뿐이다. 성경이 신학의 알파와 오메가다. 바른 조직신학은 성경이 걸으면 함께 걷고, 성경이 뛰면 함께 뛰고, 성경이 멈추면 같이 멈추는 신학이다. 2장 성경론을 통해 성경의 핵심 속성들, 즉 신적 권위성, 충분성, 필수성, 계시성 등을 성경적으로 바르게 파악하게 될 것이다.

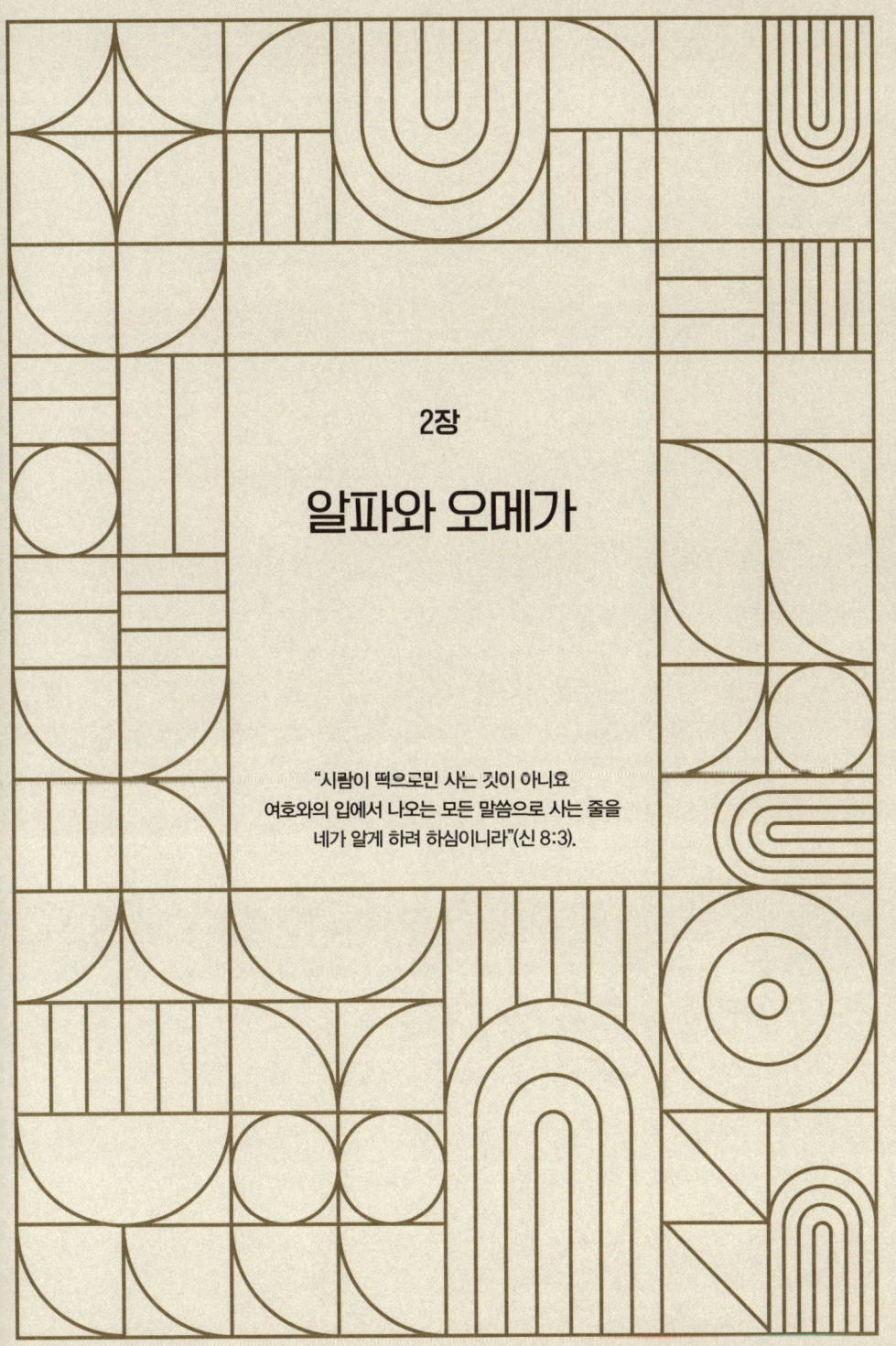

2장

# 알파와 오메가

"사람이 떡으로만 사는 것이 아니요 여호와의 입에서 나오는 모든 말씀으로 사는 줄을 네가 알게 하려 하심이니라"(신 8:3).

## 조직신학의 알파와 오메가는
## 기록된 성경 말씀이어야만 한다

헬라어 알파벳의 시작은 알파(Α, α)이고 마지막은 오메가(Ω, ω)이다. 그렇다면 조직신학의 알파와 오메가는 무엇이 되어야 할까? 바로 '기록된 성경 말씀'이다. 이 말을 다르게 표현하면, 조직신학의 시작도 기록된 성경 말씀이어야만 하고, 조직신학의 마지막도 기록된 성경 말씀이어야만 한다는 뜻이다.

기록된 성경 말씀이 알파와 오메가가 되지 않는 조직신학은 소위 반(反)성경적 조직신학이요 비(非)성경적 조직신학이므로 '잘못된' 조직신학이다. 반대로, 기록된 성경 말씀이 신학의 알파와 오메가가 되는 순간 이런 신학은 '바른' 조직신학으로 거듭날 수 있다.

조직신학의 알파와 오메가가 기록된 성경 말씀이어야만 한다는 의미는 무엇일까? 성경이 뛰면 같이 뛰고, 성경이 걸으면 같이 걷고, 성경이 침묵하면 같이 침묵하고, 성경이 소리 높여 외치면 같이 소리 높여 외쳐야 한다는 뜻이다. 조직신학의 시작의 원동력도 성경적이어야 하고, 전개 과정도 성경적이어야 하며, 마무리도 성경적이어야만 한다는 뜻이기도 하다.

여기서 중요한 것은 조직신학의 알파와 오메가는 반드시 '기록된' 성경 말씀이어야만 한다는 점이다. 기록되었다는 말은 그 성격이 객관적이라는 뜻이다. 신학에서 객관이라는 의미는 '우리 밖'이라는 뜻이다. 우리 밖에서 우리 안으로 들어오는 것이 객관적인 흐름이다. 객관의 반대는 주관이다. 주관은 '우리 안'이라는 뜻이다.

신학은 우리 안에서 시작하는 것이 아니라 우리 밖에서부터 시작해야 한다. 그 이유는 우리 안은 더럽고 추악하고 오류가 있고 한계가 있으므로 인간적이기 때문이다. 신학은 인간적으로 시작되어서는 절대 안 된다. 반대로, 객관은 신적인 것이다. 우리 밖에서 영원 전부터 깨끗하고 선하고 오류가 없고 한계가 없는 무한한 주체로서 존재하고 계시는 하나님으로부터 시작해야 바른 신학이다.

객관적인 하나님이 우리에게 자기 뜻을 객관적으로 계시하셨다. 고린도전서 2장 12-13절을 살펴보자.

"우리가 세상의 영을 받지 아니하고 오직 하나님으로부터 온 영을 받았으니 이는 우리로 하여금 하나님께서 우리에게 은혜로 주신 것들을 알게 하려 하심이라 우리가 이것을 말하거니와 사람의 지혜가 가르친 말로 아니하고 오직 성령께서 가르치신 것으로 하니 영적인 일은 영적인 것으로 분별하느니라"(고전 2:12-13).

바울 사도는 우리가 "세상의 영"을 받지 않았고 오히려 "하나님으로부터 온 영"을 받았다고 말하고 있다. 세상의 영은 주관적인 것이지만, 하나님으로부터 온 영은 객관적인 것이다. 바울 사도는 이어서 말한다. 하나님이 우리에게 주신 은혜를 말할 때 우리는 "사람의 지혜가 가르친 말"로 하지 않고 "오직 성령께서 가르치신 것"으로 한다.

사람의 지혜가 가르친 말은 주관적인 것이지만, 오직 성령께서 가르치신 것은 객관적인 것이다. 바울 사도는 이 객관적인 것을 가리켜 "영적인 일"이라고 불렀다. '영적인'이라고 번역된 헬라어 단어는 '프뉴마티코스'(πνευματικός)인데, 그 뜻은 '신령한'(spiritual) 혹은 '신적인 영에 충만한'(filled with the divine spirit)이다. 즉 성령 하나님이 객관적인 하나님의 말씀을 인간 저자와 더불어 기록하셔서 우리에게 주셨다. 그러므로 객관적인 계시만이 참이다.

조직신학은 성령 하나님이 인간 저자들과 더불어 객관적으로 기록하신 성경 말씀만이 알파와 오메가가 되는 신학이어야 한다. 이 사실을 인정할 때 무슨 일이 벌어질까? '불편함'이 생긴다. 조직신학을 공부하다 보면 불편함이 생긴다. 그 이유는 객관적이고도 신적인 것이 내 주관 안으로 저돌적으로 침투해 들어올 때 내 안의 본성이 불편함을 느끼기 시작하기 때문이다. 지금까지 열심히 신앙생활을 해 온 내 인생이 송두리째 부정 당하는 경험을 할 수도 있다. 객관적인 성경 말씀은 주관적인 내 자아를 찔러 쪼갠다. 객관적인 성경 말씀은 주관적인 내 삶의 구석구석을 찔러 쪼갠다. 그러므로 불편하다. 히브리서 4장 12절 말씀이다.

"하나님의 말씀은 살아 있고 활력이 있어 좌우에 날선 어떤 검보다도 예리하여 혼과 영과 및 관절과 골수를 찔러 쪼개기까지 하며 또 마음의 생각과 뜻을 판단하나니"(히 4:12).

하나님의 말씀은 좌우에 날카롭게 날이 선 그 어떤 검보다도 예리하다. 검이 죽어서 무덤덤하고 정적이고 무기력하게 있는 것이 아니라, 오히려 예리한 말씀의 검은 살아 있고 활력까지 있어 역동성을 마음껏 발휘하기 시작한다. 예리한 말씀의 검은 우리의 혼과 영과 관절과 골수, 즉 전인을 찔러 쪼갠다. 불편하다. 가슴이 시리다. 객관 앞에 선 주관은 장렬한 해체를 경험한다.

장렬한 해체의 결과 남는 것은 죄악 가운데 빠진 주관이 아니라 신적인 객관이다. 알파와 오메가인 기록된 말씀만 남는다. 기록된 말씀만 영원하다. 그러므로 기록된 말씀이 신학의 알파와 오메가가 되는 조직신학은 영원토록 남을 것이다. 그 진리의 체계는 영원할 것이기 때문이다. 반대로, 만약 기록된 말씀이 알파와 오메가가 되지 않는 조직신학은 금방 사그라지고 어그러지는 초췌한 몰골로 그 뼈만 앙상하게 남게 될 것이다. 참으로 안타까운 일이다.

■ 핵심 용어 정리 ■

**객관**
신학에서 '객관'이라는 단어의 의미는 '우리 밖'이라는 뜻이다. 우리 밖이므로 객관은 '신적인 것'이다. 신적인 것만 참되고 바르다.

**주관**
신학에서 '주관'이라는 단어의 의미는 '우리 안'이라는 뜻이다. 우리 안이므로 주관은 '인간적인 것'이다. 인간적인 것은 죄 때문에 거짓되고 틀리다.

**불편함**
죄성으로 가득 찬 주관 안으로 객관이 침투해 들어올 때 반드시 발생하는 감정은 불편함이다. 성경은 이 불편함을 가리켜 "마음에 찔려"(행 2:37)라고 표현한다. 객관적인 말씀을 통해 주관이 해체되면 마음에 찔림을 경험하게 되고 성령의 역사로 비로소 회개의 자리로 나아갈 수 있게 된다.

## 모든 것을 다 말하지는 않지만,
## 모든 원리는 다 말하고 있다

"욕을 많이 먹으면 오래 산다"라는 말이 있다. 그렇게 따지면 가장 오래 살 존재는 다름 아닌 성경이다. 그 이유는 성경이 공격받지 않은 때는 없었기 때문이며, 성경이 욕먹지 않은 때가 없었기 때문이다. 성경은 늘 공격의 대상이었다. 왜 그럴까? 왜 성경은 늘 공격받았을까? 그것은 바로 '진리' 본연의 속성이 배타적(排他的, exclusive)이기 때문이다. 진리가 있다면 당연히 '비진리'도 있다. 그것이 진리가 가진 배타성이다. 그러므로 진리와 비진리는 늘 치열하게 싸운다.

예를 들어 보자. 성경은 구원에 이르는 길을 예수 그리스도로만 말하고 있다. 디모데전서 2장 5절 말씀이다.

"하나님은 한 분이시요 또 하나님과 사람 사이에 중보자도 한 분이 시니 곧 사람이신 그리스도 예수라"(딤전 2:5).

구원을 주시는 분은 '중보자'이시다. 중보자는 하나님과 사람 사이를 화목하게 만들어 주고 화해시켜 주는 '중재자'라는 뜻이다. 성경은 분명하게 말한다. "중보자도 한 분이시니 곧 사람이신 그리스도 예수라." 그러므로 중보자에 한해서는 배타적인 시각을 엄밀하게 취하는 것이 바로 성경이다. 구원은 유일한 중보자이신 예수 그리스도를 통해서만 받지, 그 외의 방식으로는 받을 수 없다. 이처럼 구원의 진리는 배타적이다. 다원론적이지 않다.

하지만 세상은 이런 배타성을 너무나 싫어하고 독설을 퍼붓는다. 다양성을 추구하는 현시대 사람들이 봤을 때 성경은 혐오와 배제만을 일삼는 배타적인 종교 문서일 뿐이다. 그래서 성경을 시대착오적이고 고리타분한 것으로 치부하고 공격에 공격을 거듭한다. 이것이 바로 현시대의 흐름이다.

오늘날 성경을 공격하는 또 다른 논리는 성경이 너무 과거에 기록된 책이기 때문에 첨예한 현대적 논의들에 대해서는 만족할 만한 답을 주지 못한다고 치부하는 것이다. 물론 틀린 말은 아니다. 성경은 AI(인공지능) 문제에 대해 다루지 않으며, 핵전쟁에 대해서도 침묵하고 있고, SNS와 유튜브의 폐해에 대해서도 아무런 말을 하지 않기 때문이다.

그렇다면 성경이 이런 현대의 이슈들에 관해 잠잠하기 때문에 그리스도인들은 새로운 사안에 대해서는 다소곳이 입을 다물고 침묵으로 일관해야 할까? 성경이 침묵하고 있으므로 어쩔 수 없이 성경의 가치관이 아니라 세상의 가치만을 좇아야 할까?

분명 그렇지 않다. 성경은 모든 것을 낱낱이 다 말하고 있지는 않지만, 그럼에도 궁극적인 '원리'는 늘 제시하고 있기 때문이다. 궁극적인 원리가 소위 '궁극적인' 원리인 이유는 그 어떤 구체적이고도 특수한 사안에도 일반적으로 적용 가능한 원리이기 때문이다. 성경은 우리에게 어떤 사안이든 충분히 적용 가능한 원리를 제공하고 있다. 디모데후서 3장 16-17절 말씀을 살펴보자.

"모든 성경은 하나님의 감동으로 된 것으로 교훈과 책망과 바르게 함과 의로 교육하기에 유익하니 이는 하나님의 사람으로 온전하게 하며 모든 선한 일을 행할 능력을 갖추게 하려 함이라"(딤후 3:16-17).

하나님의 감동으로 기록된 모든 성경은 하나님의 숨으로 우리를 교훈하고 책망하고 바르게 하고 의로 교육한다(16절). 여기서 주목할 구절은 그다음 구절(17절)의 내용이다. 성경이 우리를 교훈하고 책망하고 바르게 하고 의로 교육하는 목적에 대해 말하는 부분이다. 성경이 그렇게 하는 이유는 우리를 "하나님의 사람으로 온전하게" 하기 위함이며, 동시에 "모든 선한 일을 행할 능력을 갖추게" 만들기 위함이다. 하나님의 숨으로 기록된 성경으로부터 교훈과 책망과 교육을 받은 사람은 그 어떤 현대적 이슈들에 대해서도 '하나님의 사람답게 온전한' 선택과 결정을 하게 될 것이다. 하나님의 숨으로 기록된 성경으로부터 옳고 그름에 대해 배운 사람은 그 어떤 현대적 이슈들에 대해서도 하나님 앞에서 '선한' 선택과 결정을 하게 될 것이다. 성경이 그렇게 능력을 갖추게 만들 것이다.

여기서 주목할 표현은 "모든" 선한 일이라는 표현이다. '모든'이라는 표현의 헬라어 단어는 '파스'(πᾶς)인데 그 뜻은 '~마다'(every) 혹은 '각각'(each)을 의미한다. 성경은 그 어떤 첨예한 현대적 이슈들이라도 그 각각의 이슈들에 대해 능히 파훼법을 제공할 수 있으며, 그 어떤 이슈가 되었든 각 사안의 본질을 정확히 조망할 수 있는 원리를 능히 제공할 수 있다. 그 이유는 성경은 언제나 본질의 핵심을 건드리는 궁극적인 원리를 우리에게 제공하고 있기 때문이다.

그렇다면 성경이 말하는 '궁극적인 원리'는 무엇일까? 갈라디아서 1장 10절이 우리에게 정답을 주고 있다.

"이제 내가 사람들에게 좋게 하랴 하나님께 좋게 하랴 사람들에게 기쁨을 구하랴 내가 지금까지 사람들의 기쁨을 구하였다면 그리스도의 종이 아니니라"(갈 1:10).

그리스도인들이 수많은 현대적 사안과 이슈를 분별하는 기준은

"사람들에게 좋게 하랴 하나님께 좋게 하랴"이다. 본문에 나타난 또 다른 표현으로 이를 묘사하자면, "사람들에게 기쁨을 구하랴 하나님께 기쁨을 구하랴"이다.

그리스도인들은 최소한 두 가지의 법을 가진 채 살아간다. 하나는 양심의 법이다. 하나님은 양심이라는 법을 모든 사람의 심비에 새겨 놓으셨다. 그러므로 양심대로만 살아간다면 큰 문제는 없다. 다만 문제는 죄로 인해 양심이 화인(火印)을 맞아 양심의 기능이 심각하게 왜곡되었다는 점이다(딤전 4:2). 그러므로 거듭난 신자에게는 양심의 법 외에 또 다른 법이 들어온다. 바로 '말씀의 법'이다. 말씀의 법을 통해 죄로 왜곡된 양심을 통제해야 하며 말씀의 법을 통해 죄악 된 인간 본성을 다스려야 한다.

그리스도인들은 말씀의 법 앞에 선 양심의 법과 말씀 자체의 법을 가지고 모든 사안에 '궁극적인 원리'를 적용시켜야 한다. '과연 이렇게 할 때 하나님이 기뻐하실까? 아니면 저렇게 할 때 하나님이 기뻐하실까?'라는 질문을 끊임없이 스스로에게 던지며 첨예한 현대 이슈들로 가득 찬 작금의 시대를 살아 내야 한다.

충분히 분별 가능하다. 그리스도인은 어떤 선택이 하나님께 기쁨이 될지 이미 다 알고 있다. 뻔히 알고 있지만, 하나님께 좋게 하지 않고 인간에게 좋게 한다. 그것을 '죄'라고 부른다. 즉 죄란 성경의 궁극적인 원리를 다 알고 있음에도 불구하고 그 궁극적인 원리를 쓰레기통에 처박고 당장 내 눈앞에 좋아 보이는 것, 당장 내 눈앞에 즐거워 보이는 것을 선택하는 원리다. 그러므로 성경이 말하는 궁극적인 원리를 좇아 오늘도 꿋꿋이 살아 내는 것, 그것이 바로 성경으로 교훈과 책망과 바르게 함과 의로 교육받은 사람이 반드시 해야만 하는 일이다.

■ 핵심 용어 정리 ■

**배타성**
진리의 속성을 묘사하는 표현이다. 진리는 그 자체로 배타적인 속성을 가지고 있는데, 그 이유는 진리는 진리이고, 비진리는 비진리이기 때문이다. 그러므로 진리는 타협할 수 없다. 비진리와 타협하는 진리는 더 이상 진리가 아니다.

**다원론적**
다원론(多元論)에서 '원'의 의미는 '으뜸' 혹은 '근본'이라는 뜻이다. 다원론은 근본이 여러 가지란 뜻이다. 예를 들면 다원론적 구원론은 구원의 근본적 방식도 다양하다. 하지만 정통 기독교에서 구원의 근본적 방식은 단 하나, 즉 예수 그리스도를 믿음을 통해서만 가능하다.

**원리**
기본적인 이치 및 법칙이라는 뜻이다. 성경은 모든 사안에 대해 구체적으로 일일이 설명하고 있지는 않지만 모든 사안에 대한 궁극적인 이치 및 법칙, 즉 '원리'는 정확히 이야기하고 있다.

성경은 인간이 썼으므로
최소한의 인간적인 오류는 있지 않을까?

큰 나무를 효과적으로 쓰러뜨리는 방법은 무엇일까? 나무의 윗부분을 잘라 내는 것일까? 아니면 중간 부분을 잘라 내는 것일까? 둘 다 아니다. 큰 나무를 효과적으로 쓰러뜨리는 방법은 나무의 밑부분을 댕강 잘라 내는 것이다. 나무의 밑부분을 댕강 잘라 내면 나무 자체가 도무지 버티려야 버틸 수 없으므로 결국 반드시 쓰러지게 되어 있다.

마찬가지다. 기독교라는 종교를 효과적으로 쓰러뜨리려면 기독교의 가장 밑뿌리, 즉 기초 토대를 잘라 내면 된다. 기독교의 가장 기초 토대는 무엇일까? 바로 성경의 '무오성'이다. 무오성(無誤性, inerrancy)은 '없을 무'(無)에 '그릇 오'(誤)가 합쳐진 용어로 '그릇됨이 없다' 혹은

'오류가 없다'는 의미를 지닌다.

만약 성경에 오류가 있거나 성경에 기록된 내용들이 참된 내용이 아니라 그릇된 내용이라면 사실 기독교는 오류가 있는 종교이며, 그릇된 계시를 주신 하나님도 그릇된 존재로 전락하게 된다. 즉 성경의 무오성이 무너지면 기독교라는 종교의 존재 자체가 와르르 무너지게 되어 있다. 그 누가 오류가 가득하고 그릇된 경전을 가진 종교를 믿고 싶겠는가?

성경의 무오성이 무너지면 기독교도 당연히 무너지기 때문에 교회 역사 속에서 성경의 무오성은 다각도로 공격받아 왔다. 주요 공격 포인트는 다음과 같다.

첫째, 결국 마태복음은 마태라는 인간이 썼고 누가복음은 누가라는 인간이 썼기 때문에 아무리 하나님이 보호하셨어도 성경 저술 과정에서 인간적인 오류는 존재할 수밖에 없다. 둘째, 현재 66권의 성경책이 정경(Canon)인지 아닌지에 대한 뚜렷한 실증주의적 증거가 없으니 66권으로 이루어진 현재의 성경책은 정경이 아닐 수도 있다. 셋째, 성경에 기록된 모든 내용이 전부 다 하나도 빠짐없이 하나님의 말씀 그 자체라는 증거가 없으니 성경 내용 전체가 다 하나님의 말씀이 아닐 수도 있다. 넷째, 성경 시대 당시의 다른 문헌들, 예를 들면 고대 근동 문서들이나 1세기 팔레스타인 지역에 존재했던 문서들과 비교해 볼 때 성경만의 독특성이나 차별성이 보이지 않으므로 성경은 특별한 계시가 아닐 수 있다. 다섯째, 성경의 원본은 남아 있지 않으므로 현재의 성경은 원본과는 분명 차이가 있을 것이다. 여섯째, 정경 확립 과정, 성경의 구전 과정, 필사 과정 가운데 인간적인 실수와 오류가 첨가되었을 수도 있다.

이 여섯 가지 외에도 성경의 무오성에 직접적으로 태클을 걸어 기독교의 기초 토대를 흔들고 싶어 했던 시도는 정말로 많고 많다. 그렇다면 근원적인 질문으로 되돌아가 봐야 할 시간이 되었다. 질문은 다음과 같다. "정말로, 진짜로, 실제로 성경에는 오류가 없을까? 성경이 무오하다는 생각은 사실 그렇지 않은데 세뇌를 당해 무의식 가운데 건조하게 고백하는 정신 승리의 구호일 뿐인가? 아니면 성경은 정말로 오류가 없는 하나님의 말씀일까?"

중요한 사실 하나는 성경이 일점일획에도 오류가 없는 하나님의 말씀이라는 고백에 소위 '실증주의적 증거'는 없다는 사실이다. 그렇다면 실증주의적이고 과학적인 증거가 없다면 어떤 증거로 성경의 무오성에 대해 말할 수 있을까? '자증적인 증거'로만 설명 가능할 것이다. 자증(自證)이란 '자기 스스로가 자기 자신을 증거함'이라는 뜻이다. 성경은 성경 자신이 자기의 무오성을 스스로 증거해 우리에게 계시한다. 자증적인 증거는 크게 두 가지 요소로 구성된다.

첫째, 구약성경은 신약성경을 하나님의 말씀으로 인정하며, 동시에 신약성경은 구약성경을 하나님의 말씀으로 상호 인정한다. 즉 서로가 서로를 자증한다. 요한복음 17장 17절을 살펴보자. 말씀 그 자체이신 예수 그리스도의 말씀이다.

"그들을 진리로 거룩하게 하옵소서 아버지의 말씀은 진리니이다"(요 17:17).

예수께서는 이 본문에서 "아버지의 말씀"을 가리켜 "진리"라고 부르신다. 예수 그리스도는 "말씀"(요 1:1)이시며 "진리"(요 14:6)이시다. 말씀과 진리이신 분이 아버지의 말씀을 가리켜 진리라고 칭하신다. 예수님은 "아버지의 말씀"이라는 표현을 사용하실 때 자신뿐만 아니라 분명 구약도 염두에 두셨을 것이다. 예수께서는 살아생전 구약성경을 종종 인용하셨다. 말씀이신 예수께서 구약성경을 인용하셨다는 의미는 그분이 구약성경을 아버지 하나님의 말씀으로 인정하셨기 때문이라고 볼 수 있다. 구약성경 중 시편 18편 30절은 성경이 얼마나 진실하고 완전한지를 자증하고 있다.

"하나님의 도는 완전하고 여호와의 말씀은 순수하니 그는 자기에게 피하는 모든 자의 방패시로다"(시 18:30).

하나님의 도는 "완전"하고, 완전한 하나님의 도에 대한 여호와의 말씀은 "순수"하다. 완전과 순수라는 개념은 오류와 거짓과 그릇 됨과는 거리가 한참 먼 개념이다. 이때 성경이 완전하고 순수한 이유는 성경이 스스로를 완전하고 순수하다고 선포하고 있으며 이 선포를 성육신하신 말씀인 예수 그리스도께서도 진리라고 인정하고 계시기 때문이다.

둘째, 성경이 스스로 오류가 없고 오히려 완전하고 순수한 하나님의 말씀이라는 자증적 선포를 수납하는 '믿음'이 있어야 비로소 성경의 무오성은 확증된다. 사실 믿음이 전부다. 믿음은 '눈'과 같다. 눈이 없으면 보이지 않는다. 아무리 아름다운 것이라도, 아무리 예쁜 것이라도 눈이 없으면 볼 수 없다. 성경이 하나님의 완전한 말씀이며 오류와 거짓이 없는 순수한 말씀이라는 사실은 믿음이라는 눈을 통해서만 '실상'이 된다. 히브리서 11장 1-2절 말씀이다.

"믿음은 바라는 것들의 실상이요 보이지 않는 것들의 증거니 선진들이 이로써 증거를 얻었느니라"(히 11:1-2).

히브리서 저자는 믿음이야말로 보이지 않는 것들을 "실상"으로 보게 만들고 그 믿음의 눈이야말로 우리가 유일하게 가질 수 있는 "증거"라고 선언한다. 이 본문에서 "실상"이라고 번역된 헬라어 단어는 '휘포스타시스'(ὑπόστασις)인데 그 뜻은 '실체'(actual being), '본체적 성질'(substantial nature), '실제'(reality)라는 의미를 담고 있다.

믿음의 눈으로 성경을 바라보지 않으면 성경은 기껏해야 오류가 가득한 인간이 쓴 인간 저작물일 뿐이고 얼마든지 수정과 편집이 가능한 인간 편집물로 보일 뿐이다. 믿음의 눈을 철저히 거세하면 성경 자체가 자증하고 있는 성경의 순수성, 완전성, 무오성 등이 실상(實相)

으로 느껴지지 않고 허상(虛像)으로 여겨질 뿐이다. 하지만 성경을 믿음의 눈으로 바라볼 때 성경은 오류가 없는 하나님의 완전한 말씀으로 실체화되며 구체화되고 실제화된다.

기독교의 참된 경쟁력은 성경의 무오성에 대한 실체화에서부터 나온다. 성경의 무오성을 주장하는 일은 절대로 부끄러운 일이 아니다. 성경의 무오성을 희석시킨다고 해서 기독교가 보다 더 합리적인 종교로 거듭나는 것이 아니다. 성경의 무오성을 좀 내어 주고 타협한다고 해서 기독교가 소위 지적이고 설득력 있는 종교가 되는 것 또한 아니다. 오히려 정확히 반대다. 기독교는 성경의 무오성을 수호하고 사수하고 보호하고 보존해야 한다. 성경의 무오성에 대한 이 수호, 사수, 보호, 보존으로부터 기독교만의 경쟁력이 창출되고 기독교만의 가치가 증진된다. 성경의 무오성은 우리가 목숨 걸고 지켜야 하는 복된 가치다.

■ 핵심 용어 정리 ■

**무오성**
성경에는 그 어떤 오류 및 잘못이 없음을 확증하는 표현이다. 오류가 없는 대상은 신적인 것이야만 한다. 그러므로 무오성이라는 표현을 사용할 수 있는 대상은 하나님과 하나님의 자기 계시인 성경밖에 없다.

**실증주의**
실제적인 증거 및 경험을 중시하는 사상 체계를 뜻한다. 현대 사회는 실증주의 사회로서 눈에 보이고 만질 수 있으며 직접적인 경험이 가능한 것만을 믿는 시대다.

하지만 기독교라는 종교는 과학적 실증으로 움직여 가는 종교가 아니라 보이지 않는 것을 실상으로 보는 믿음으로 움직여 가는 종교이다(히 11:1).

**자증성**

자기 스스로가 자기 스스로의 진실성과 순수성을 증거한다는 뜻이다. 구약 성경은 신약 성경을 증거하고 구약 성경은 신약 성경을 증거한다. 삼위일체 하나님도 마찬가지다. 성부 하나님은 성자 하나님이 증거하고, 성자 하나님은 성령 하나님을 증거하며, 성령 하나님은 성부 하나님을 상호 자증적으로 증거한다.

## 팥빵의 팥

팥빵을 먹고 싶어서 샀다고 생각해 보자. 팥앙금을 고스란히 품고 있는 야들야들한 밀가루 반죽이 노릇노릇해져 풍겨 나오는 향긋한 팥빵의 냄새는 사실 아무나 쉽게 참을 수 없는 냄새다. 그런데 기대감을 가지고 팥빵을 한입 베어 무는 순간, 아뿔싸, 팥앙금이 없는 것 아니겠는가! 이건 팥빵의 반역이요 팥빵의 반란이다. 있어야 할 것이 없으면 낭패다. 있어야 할 것이 없으면 곧 사기다. 팥빵에 팥은 반드시 필요하다. 그러므로 팥빵에 팥은 필연적 존재다.

마찬가지다. 그리스도인에게 있어서 성경은 필연적 존재다. 성경이 없으면 낭패다. 그리스도인에게 성경이 없다는 것 자체가 사기다. 성경은 필요하다. 성경이 없으면 그리스도인이 될 수 없고, 성경이 없으면 그리스도인으로 살아갈 수 없으며, 성경이 없으면 그리스도인으로서의 정체성을 잃게 된다. 신명기 8장 3절은 그리스도인들에게 성경이 얼마나 필요한지를 다음과 같이 역설한다.

"너를 낮추시며 너를 주리게 하시며 또 너도 알지 못하며 네 조상들도 알지 못하던 만나를 네게 먹이신 것은 사람이 떡으로만 사는 것이 아니요 여호와의 입에서 나오는 모든 말씀으로 사는 줄을 네가 알게 하려 하심이니라"(신 8:3).

사람은 떡으로만 사는 것이 아니다. 맛있는 팥빵으로만 사는 것도 아니다. 사람은 "여호와의 입에서 나오는 모든 말씀으로" 산다. 여호와의 입에서 나오는 모든 말씀이 곧 우리를 살찌우게 만드는 영의 양식이요 영의 음료이기 때문이다.

수년 전 아프리카 우간다에 위치한 난민촌에 신학 교육을 위해 들어갔던 기억이 있다. 난민촌이라 먹을 것도 마실 것도 변변치 않은 곳이었다. 큰 천막 하나 쳐 놓고 난민들에게 몇 주간 신학을 가르쳤다. 처음에는 버틸 만했는데 한두 주 지나면서 제대로 먹지 못하자 점점 배고픔에 전인이 지쳐만 갔다. 21세기 대한민국 땅에서 미처 경험하지 못했던 배고픔을 제대로 경험하니 갑자기 짜증이 밀려왔다. 제대로 먹지 못하고 마시지도 못하니 짜증이 머리끝까지 치밀어 올랐다. 참으로 생경한 경험이었다.

여호와의 입에서 나오는 모든 말씀도 제대로 먹지 못하고 제대로 마시지 못하면 이처럼 짜증 난다. 교회를 다녔지만, 신앙생활을 오래 했지만, 기도와 예배 생활도 꾸준히 했지만 하나님의 말씀을 제대로 먹지 못했다면 신앙생활을 하면 할수록 짜증이 나고, 하면 할수록 불평과 불만만 가득 늘어 간다. 이 모든 문제의 원인은 배고파서다. 영적으로 배가 고프니 세상이 다 검은색으로 보이기 시작하는 것이다.

은혜를 받아야 한다. 은혜를 누려야 한다. 은혜라는 팥빵 안에는 반드시 '말씀'이라는 팥이 존재한다. 말씀이 없이는 은혜도 없다. 말씀이 부재한 곳에는 당연히 은혜도 부재한다. 그러므로 말씀을 '은혜의 방편'이라고 부른다. 은혜를 받는 방식은 말씀뿐이다.

혹자는 은혜를 받기 위해 기도를 한다. 혹자는 은혜를 받기 위해 찬송을 부른다. 혹자는 은혜를 받기 위해 예배를 드린다. 하지만 말씀이 없는 기도와 찬양 그리고 예배를 통해서 은혜를 빌기란 실로 불가능하다. 그 이유는 하나님은 은혜를 베푸실 때 말씀으로 베풀어 주시기 때문이다. 요한복음 1장 14절 말씀을 살펴보자.

"말씀이 육신이 되어 우리 가운데 거하시매 우리가 그의 영광을 보니 아버지의 독생자의 영광이요 은혜와 진리가 충만하더라"(요 1:14).

요한 사도가 적시하듯이, 우리 가운데 거하신 말씀을 통해 우리는 하나님의 "영광"을 바라볼 수 있게 된다. 우리 가운데 거하신 말씀을 통해 "은혜"와 "진리"로 충만케 된다. 말씀이 없이는 하나님의 영광을 목도(目睹)할 수 없고, 말씀이 없이는 결코 은혜와 진리로 충만케 될 수 없다. 그러므로 기독교는 '말씀의 종교'다.

말씀이 없으면 주관적인 체험 신앙으로 전락해 자기 멋대로 느끼고 또 자기 멋대로 생각하는 감성 신학으로 발전한다. 말씀이 없으면 아무것도 모른 채 열심히만 행위하는 맹목적 신앙으로 발전하며, 말씀이 없으면 이단·사이비 교주들의 욕심에 쉽게 놀아나게 된다. 말씀이 없으면 교회를 세우는 역할을 할 수 없고, 도리어 교회를 무너뜨리는 역할을 주도적으로 하게 된다. 말씀이 없으면 이처럼 끔찍한 결과가 초래된다.

팥빵에 팥이 필요한 것처럼, 기독교에는 말씀이 필요하다. 말씀과 함께하는 기독교는 세상을 능히 변화시킬 것이며 세상을 능히 회복시킬 것이다. 지금 집 한편에 먼지 쌓인 채로 방치되어 있는 성경책을 들고 읽어야(*tolle rege*) 할 때가 되었다. 오늘이 바로 그 복된 날이 되길 소망한다.

■ 핵심 용어 정리 ■

**은혜**
도무지 받을 자격이 없는 자에게 무조건적으로 베푸시는 하나님의 압도적인 신적 호의를 뜻한다. 은혜는 객관적인 말씀으로부터만 온다.

**영광**
하나님의 본성과 속성을 진정으로 맛본 자라면 반드시 경험할 수밖에 없는 신적인 감동을 뜻한다. 하나님은 그 어떤 것도 감히 범접할 수 없는 그 자체로 영광스러운 분이다.

**진리**
'참된 이치' 혹은 '참된 도리'라는 뜻이다. 하나님의 말씀만이 참된 이치이다. 모든 진리는 오로지 하나님의 말씀으로부터만 나온다.

## 꿈과 환상으로 하나님을 만난다?

사람들은 말초신경 자극을 좋아한다. 성경을 진득하게 읽는 일은 다들 힘들어한다. 성경이 곧 최고의 수면제라는 이상한 명제는 교회 내에서 여전히 득세하는 명제다. 성경을 읽고 해석하는 것으로는 어쩐지 심심하다고 느낀다. 뭔가 더 자극적이고, 뭔가 더 뜨겁고, 뭔가 더 매운 맛을 원한다. 밋밋한 집밥보다 MSG가 가득한 외식이 더 땡기는 것과 같은 원리다.

하나님을 만나는 방법도 마찬가지다. 사람들은 새로운 체험을 하길 원한다. 마치 사도 바울이 다메섹으로 가는 도상에서 예수 그리스도를 극적으로 만난 것처럼 하나님을 드라마틱하게 만나고 싶어 한다. 꿈과 환상으로, 황홀경에 빠져 영적인 엑스터시를 느끼고 싶어 한다. 모두 위험한 방식들이다.

왜 꿈과 환상이라는 방식은 하나님을 만나는 방식으로서 위험할까? 물론 꿈과 환상으로 하나님을 만나는 것 자체를 거부하거나 폄하할 필요는 없다. 그 이유는 성경에도 꿈과 환상으로 하나님을 만나는 장면들이 많이 등장하기 때문이다. 창세기 20장 3절을 살펴보자.

"그 밤에 하나님이 아비멜렉에게 현몽하시고 그에게 이르시되 네가 데려간 이 여인으로 말미암아 네가 죽으리니 그는 남편이 있는 여자임이라"(창 20:3).

하나님은 아비멜렉에게 현몽하셨다. "현몽"이라고 번역된 히브리어 단어는 '하롬'(חלום)인데 그 뜻은 심플하게 '꿈'(dream)이다. 영어 성경에서는 이 본문을 "God came to Abimelech in a dream"(NRSV)이라고 번역했는데, 직역하면 "하나님이 꿈속에서 아비멜렉을 찾아오셨다"라고 할 수 있다. 맞다. 하나님은 지금도 꿈속에서 얼마든지 우리를 찾아오실 수 있다. 마치 꿈속에서 아비멜렉을 찾아오신 것처럼 말이다.

환상은 어떨까? 성경은 하나님이 환상 가운데서 자기 백성을 만나시는 장면을 종종 기록하고 있다. 예를 들면 창세기 15장 1절의 말씀이다.

"이 후에 여호와의 말씀이 환상 중에 아브람에게 임하여 이르시되 아브람아 두려워하지 말라 나는 네 방패요 너의 지극히 큰 상급이니라"(창 15:1).

이 본문은 여호와의 말씀이 "환상 중에" 아브람에게 임하는 장면을 묘사하고 있다. '환상'이라고 번역된 히브리어 단어는 '마하제'(מַחֲזֶה)인데 '환상'(vision) 혹은 '묵시'로도 번역 가능한 단어다. 하나님은 얼마든지 환상과 묵시 가운데서도 자기 백성을 만나실 수 있는 분이시다.

하지만 앞의 두 인용 구절에서도 잘 드러난 것처럼, 꿈과 환상의 맥락이 많이 등장하는 성경은 계시가 온전히 완성되기 전 시대인 구약 시대의 맥락이 많다. 즉 다르게 표현하면, 하나님의 말씀이 온전히 다 기록되기 전에는 '아직 기록되지 않은' 계시인 꿈과 환상이라는 방식도 하나님은 즐겨 사용하셨다고 평가할 수 있다.

예를 들어 설명해 보겠다. 글자와 글쓰기가 온전히 완성되지 않은 사회에서는 의사소통의 수단이 입으로 말하는 구두(口頭)밖에 없었을 것이다. 그런데 구두로 의사소통을 하다 보면 서로 실수도 하고, 잘못 말하기도 하고, 오해도 하고, 막히기도 했을 것이다. 즉 의사소통이 선명하기보다는 희미했을 것이다. 그러나 글자와 글쓰기가 완성된 사회에서는 중요한 의사소통을 할 때 실수가 잦은 구두로 하기보다는 글쓰기 방식인 성문화(成文化)의 방식을 취했을 것이다. 그 이유는 말로 하기보다는 기록할 때 훨씬 더 정제된 언어를 구사할 수 있고, 훨씬 더 선명하게 자신의 의견이 피력될 수 있기 때문이다. 그만큼 '기록'이라는 것은 가치가 충만하다.

마찬가지다. 계시가 온전히 기록되기 전에는 하나님이 꿈과 환상이라는 방식으로 의사소통을 하기도 하셨다. 하지만 현재 우리에게는 66권의 기록된 정경 계시가 있다. 그러므로 이제 하나님은 그 의미를 자의적으로 잘못 판단할 확률이 지극히 높은 꿈과 환상이라는 다소 희미한 의사소통 수단을 사용하시기보다는 그보다 훨씬 더 정제되고 정련된 방식인 '기록된 말씀'을 통해서 의사소통하는 것을 즐겨하신다고 믿는다.

66권 정경을 가지고 있는 우리는 이제 '기록된 계시를 통해서' 하나님을 만나야 한다. 더 강하게 표현하자면, 만약 성경 말씀을 전혀 알지 못하고 말씀을 아예 멀리하고 있는데 무언가 꿈과 환상 속에서 하나님의 음성이 들린다면 그 음성은 하나님의 음성이 아닐 확률이 지극히 높다. 하지만 반대로 기록된 성경 계시를 가까이 두고 "주의 말씀은 내 발에 등이요 내 길에 빛이니이다"(시 119:105)라는 자세와 태도로 말씀을 주야로 늘 묵상하는 자가 말씀을 통해 하나님의 음성을 들었다면 그 음성은 성령의 감화·감동일 수도 있다.

중요한 사실 하나는 꿈과 환상의 권위는 절대로 성경 계시의 권위와 동등하거나 성경 계시의 권위를 뛰어넘을 수 없다는 사실이다. 꿈과 환상의 권위는 무조건 기록된 성경 계시 아래에 있고, 아래에 있어야만 한다. 이 말의 의미는, 만약 내가 꿈과 환상으로 하나님을 체험하고 경험했다면 그 체험과 경험의 진위(眞僞) 여부의 판단은 성경 계시가 주도적으로 해야 한다는 뜻이다.

그렇다면 꿈과 환상으로 하나님을 만나는 것과 기록된 성경 계시를 통해 하나님을 만나는 것 중 무엇이 더 신학적으로 옳은가? 또한 그것을 우리가 어떻게 판단할 수 있는가? 판단의 기준은 '열매'다. 열매가 무엇인지는 고린도전서 10장 23절이 정확히 말하고 있다.

"모든 것이 가하나 모든 것이 유익한 것은 아니요 모든 것이 가하나 모든 것이 덕을 세우는 것은 아니니"(고전 10:23).

판단의 기준은 "유익"과 "덕"이다. 맞다. 성경이 말하듯이, 꿈과 환상으로 하나님을 만나는 것은 가하다. 모든 것은 가하기 때문에 모든 것을 할 자유가 우리에게 존재한다. 하지만 그 자유가 헛된 방종으로 흐르지 않기 위해서는 열매가 좋아야 한다. 열매는 바로 유익과 덕이다. 하나님과 상관없는 꿈과 환상으로 하나님을 만나는 사람들의 열매는 좋지 못할 것이다. 자기 자신에게도, 자기 가정에게도, 자기 교회에게도 큰 유익과 덕을 끼치지 못할 것이다. 하지만 기록된 성경 말씀으로 하나님을 진정으로 만나는 사람들의 열매는 아름다울 것이다. 개인과 가정과 교회에 유익할 것이며 그 속에서 덕을 한껏 세울 것이다.

■ 핵심 용어 정리 ■

**기록되지 않은 계시**
모든 계시가 다 기록되는 것은 아니다. 하나님께서는 꿈과 환상으로도 나타나실 수 있지만 기록되지 않는 한 그것이 정경(正經, Canon)으로 인정될 수 없다. 기록되지 않은 계시에 몰두할 경우 극단적 신비주의 혹은 신사도 운동의 오류에 쉽게 빠질 수 있으므로 지극히 조심해야 한다.

**기록된 계시**
신·구약 66권 정경을 뜻한다. 기록된 계시만 정경이다. 그러므로 계시의 기록은 '종결'되었다고 말함이 신학적으로 옳다. 만약 기록된 계시가 종결되지 않았다면, 정경은 67권, 68권, 69권 자의적으로 늘어날 수 있기 때문이다.

**유익과 덕**
바른 기독교적 행위의 '바른 결과' 즉 '바른 열매'를 지칭하는 성경적 묘사이다. 기독교적 행위는 진리가 주는 자유 가운데 속하기 때문에(요 8:32) 모든 것을 다 할 수는 있지만 모든 것이 다 유익한 것이 아니요 모든 것이 다 덕을 세우는 것은 아니기 때문에 조심해야 한다(고전 10:23).

### 한 장으로 정리하는 교리

**조직신학의 알파와 오메가는 기록된 계시, 즉 성경이다.**

조직신학의 시작과 끝, 즉 알파와 오메가는 '성경'이 되어야만 한다. 성경에 근거하지 않는 신학은 허공을 치는 실체 없는 메아리일 뿐이고 기초 토대 없이 모래 위에 세워진 사상누각(沙上樓閣)일 뿐이다. 게다가 참된 계시는 반드시 '기록된' 계시여야만 한다. 기록되지 않은 계시는 '주관적'이므로 쉽게 오염될 수 있고 쉽게 왜곡될 수 있는 계시이다. 기록된 계시, 즉 '객관적'인 계시만이 참된 계시이며 바른 계시이며, 조직신학은 기록된 계시에 근거해야만 한다.

**성경은 궁극적으로 '모든 원리'를 말하고 있다.**

물론 성경이 모든 것을 다 말하고 있지는 않다. 특히 성경은 아주 오래전에 기록되었기 때문에 현대적 이슈들에 대해서는 침묵하고 있다. 하지만 성경이 침묵하고 있다고 해서 현대 이슈를 논함에 있어 성경을 논외로 할 수 있다는 의미는 아니다. 성경은 모든 것을 다 말하지는 않지만 '모든 원리'에 대해서는 궁극적으로 다 말하고 있기 때문이다. 근원적인 원리에서부터 세부적인 사안들이 나오는 것이지, 그 역의 방향성은 불가하다.

**성경은 오류가 없다.**

성경의 무오성은 늘 공격의 대상이었다. 그럴 만도 한 것이 성경은 1차 저자인 성령 하나님께서 2차 저자인 인간을 통해 기록한 계시이다. 인간적인 오류 및 실수가 있을 거라는 생각이 드는 것 자체는 아주 이상한 일이 아니다. 하지만 성경의 무오성 교리는 반드시 지켜야 하며 반드시 사수해야 할 핵심 진리이다. 성경 자체가 끊임없이 자증(自證)하고 있는 성경의 오류 없음을 믿음의 눈으로 바라보면서 성경의 진실성에 대해 담대히 선포해야 할 필요가 있다.

**성경은 신자에게 '필수 요소'이다.**

신자들에게 있어 성경은 '팥빵의 팥'같이 없어서는 안 될 필수 요소이다. 말씀 없는 기도는 위험하며, 말씀 없는 찬양도 위험하다. 말씀이 가장 핵심 요소이다. 말씀으로 해야 기독교이지 말씀 없이 하면 이교이다. 꿈과 환상으로 하나님을 만나는 것보다 더 분명하고도 확실한 만남은 기록된 계시인 66권 성경을 통해 하나님을 만나는 것이다.

성경만이 신학의 알파와 오메가다. 성경 없이는 신학의 알파와 오메가는 반드시 무너진다.

■ **묵상 및 토론 질문** ■

1. 혹시 나는 지금까지 '기록된 계시'로 신앙생활을 했는가? 아니면 '기록되지 않은 계시'로 신앙생활을 했는가? 각각의 열매는 무엇이었는가?
2. 최첨단 현대적 사안들에 대해 생각해 보고, 이런 현대적 사안들에 대한 궁극적인 '성경적 원리'에 대해 생각하고 나눠 보라.
3. 성경에 오류가 있다고 주장하는 사람에게 어떻게 '성경의 무오성' 교리를 설명하고 변증할 수 있을까?

## 신론

2장 성경론을 제대로 통과하면 반드시 영광스럽고 위대한 하나님이 드러난다. 그러므로 3장은 영광스러운 하나님에 대해 논구하는 학문인 '신론'에 대해 다룬다. 신학의 형성 역사는 곧 '논쟁'의 역사인데 신론의 장도 수많은 논쟁들로 점철된 장이었다. 3장 내용을 통해 하나님의 속성들, 예를 들면 무한성, 초월성, 통일성, 계획성, 자유성 등의 핵심 본질이 드러나 하나님에 대한 잘못된 시각들이 올바르게 교정될 것이다.

3장

# 세상의 헛된 신을 버리고

"주의 존귀하고 영광스러운 위엄과
주의 기이한 일들을
나는 작은 소리로 읊조리리이다"(시 145:5).

# 유신론 vs. 무신론

"하나님은 존재하지 않는다"라고 외치는 무신론(無神論, atheism)은 사상의 역사 속에 늘 있어 왔다. 무신론의 종류도 참으로 다양하다. 하나님을 지적으로 혹은 인식적으로 알 길이 없다고 주장하는 '지성적 불가지론'(知性的 不可知論, intellectual agnosticism)이 있는가 하면, 하나님이 존재하지 않음에 대해 사회문제와 직접적으로 결부 지어 적극적으로 행동하며 설파하는 '행동적 불가지론'(行動的 不可知論, activist agnosticism)도 존재한다. 사상의 결을 살짝 달리해 하나님의 존재에 대해 무한히 의심하고 회의하는 '회의주의적 무신론'(懷疑主義的 無神論, skeptical atheism)도 있다.

그렇다면 과연 이런 무신론이 존재 가능한 사상일까? 정말로 하나님이 없다고 생각하는 일이 과연 가능한 일일까? 나는 그렇지 않다고 생각한다. 효과적으로 인간의 본성에서부터 그 이유를 찾아보자.

인간은 동식물과 다른 존재다. 가장 다른 부분이 바로 '종교성'이다. 어느 교회를 가도 설교단 옆에는 꽃이나 식물이 아름답게 꾸며져 있다. 그 식물들은 주일 예배, 수요 예배, 새벽 기도회, 금요 기도회 등 모든 예배에 다 참석한다. 한 교회에서 가장 주일성수를 잘하는 존재가 바로 설교단 옆에 아름답게 장식되어 있는 식물이다. 하지만 물리적으로는 늘 예배당에 있지만, 그 어떤 식물도 '예배하지 않는다.' 더 정확히 표현하자면, 식물들은 '예배할 수 없다.'

동물들도 마찬가지다. 집에서 키우는 반려견, 반려묘를 예배에 데려간다고 생각해 보자. 동물들이 기도 시간에 대표 기도자의 기도를 이해할 수 있을까? 찬송 시간에 가사를 음미하며 곡조 있는 기도를 하나님께 올려드릴 수 있을까? 설교 시간에 성령 하나님의 감동으로 기록된 하나님 말씀의 참된 의미를 깨달을 수 있을까? 동물들이 예배에 참석할 수는 있어도, 동물들은 '예배하지 않는다.' 더 정확히 표현하자면, 동물들은 '예배할 수 없다.' 왜 동식물은 예배하지 않으며 동시에 예배할 수 없을까? 그 뚜렷한 이유는 동식물에게는 종교성이 없기 때문이다.

하지만 사람은 다르다. 하나님의 형상(imago Dei)으로 지음 받은 인간(창 1:27)에게는 종교성이 존재한다. 이 종교성을 통해 하나님을 인식할 수 있다. 이 종교성을 통해 하나님과 대화할 수 있으며, 이 종교성을 통해 하나님과 교제할 수 있다. 이 종교성을 통해 하나님께 예배드릴 수 있다. 사람은 예배한다. 예배하면 사람이다. 로마서 1장 18-19절을 보자.

> "하나님의 진노가 불의로 진리를 막는 사람들의 모든 경건하지 않음과 불의에 대하여 하늘로부터 나타나나니 이는 하나님을 알 만한 것이 그들 속에 보임이라 하나님께서 이를 그들에게 보이셨느니라"(롬 1:18-19).

바울 사도는 아무리 "불의로 진리를 막는 사람들" 혹은 "경건하지 않은 사람들"이라 할지라도 '본성적인 능력'을 가지고 있다고 설파한다. 그 본성적인 능력은 "하나님을 알 만한 것"이다. '알 만한'이라는 표현의 헬라어 단어는 '그노스토스'(γνωστός)인데 그 뜻은 '알 만한 능력의'(capable of being known)이다. 아무리 불의한 사람도 이 능력을 가지고 태어난다. 이 능력은 하나님을 인식할 수 있는 능력이다. 이 능력은 하나님을 알 수 있는 능력이다.

하나님을 인식할 수 있는 능력은 박사 학위를 가지고 있는 고도의 지성인들만의 전유물이 아니다. 하나님을 알 수 있는 능력은 매 주일 강단에서 하나님을 선포하는 설교자들만의 전유물도 아니다. 심지어 불의로 진리를 막는 사람들이나 경건하지 않은 남녀노소 일반인들에게도 본성적으로 주어져 있다.

앞서 무신론의 종류가 다양하다는 사실을 살짝 살펴봤다. 하나님을 지적으로 알 수 없다고 주장하는 지성적 불가지론자, 무신론을 행동으로 적극적으로 설파하는 행동적 불가지론자, 하나님의 존재에 대해 무한히 의심하고 회의하는 회의주의적 무신론자들은 분명 본성적으로 하나님을 인식하고 알 수 있는 '능력'이 충만하게 있음에도 불구하고 애써 '무능력'하다고 최선을 다해 외치고 있는 사람들이다.

인간이라면 다 유신론자다. 하나님을 본성적으로 인식할 수 있는 유신론자다. 관건은 어떤 신을 하나님으로 섬기고 있느냐다. 모든 인간은 본성적으로 하나님을 섬길 수밖에 없는 존재다. 종교성이 충만한 존재다. 그러므로 최소 인간이라면 무슨 신이든 반드시 신을 섬기고 살아야만 한다. 무신론자들은 '하나님이 없다'는 생각 자체를 신으로 섬기고 산다. 알코올 의존자는 알코올을 신으로 섬기고 산다. 도박 중독자는 도박을 신으로 섬기고 산다. 신자나 불신자나 대부분의 사람들은 돈을 신으로 섬기고 산다. 최선을 다해 신앙생활을 한다고 해서 다 바른 신을 섬기는 것도 아니다. 많은 신자가 교회를 신으로 섬기기도 하고, 특정 목회자를 신으로 섬기기도 하며, 신앙생활을 한다는 것 자체를 신으로 섬기기도 한다.

핵심은 무엇인가? 모든 인간은 본성적으로 '종교인'이라는 뜻이며 모든 인간은 본성적으로 '예배자'라는 뜻이다. 참된 하나님께 예배하든, 아니면 다른 헛된 신에게 예배하든 사실 모든 인간은 반드시 예배하며 살아간다. 그런 면에서 모든 인간은 유신론자다.

■ 핵심 용어 정리 ■

**무신론**

신(神)이 없다고 주장하는 사상이다. 무신론은 믿음의 한 체계인데, 그 이유는 하나님이 없다는 믿음에 확고히 근거하기 때문이다. 그러므로 무신론도 종교의 한 형태이다.

**종교성**

영혼을 가진 모든 인간이 가진 기본적인 특질 중 하나로 인간이라면 반드시 자기보다 뛰어난 신적 절대자에 대한 의존 사상, 즉 종교성을 가지고 있다. 그러므로 모든 인간은 본질상 종교인이다.

**유신론**

신이 없다는 믿음과 비교해 반대편에 선 사상, 즉 신이 있다는 믿음 체계를 가진 사상을 뜻한다. 종교성을 가진 모든 인간은 다 유신론자다. 서로 믿고 섬기는 하나님이 다를 뿐이다.

# 무한성 vs. 유한성

하나님은 누구신가? 하나님은 '무한한 존재'이시다. 인간은 누구인가? 인간은 '유한한 존재'다. 이 사실을 제대로 파악하는 것이 '신론'을 다루는 현재 우리에게 가장 중요한 일이다. 하나님은 무한한 존재이시며 인간은 유한한 존재라는 사실은 곧 하나님은 창조주시지만 우리 인간은 피조물이라는 사실과 같다. 창조주는 전능하시지만 피조물은 전능하지 않다. 창조주는 전지하시지만 피조물은 전지하지 않다. 창조주는 불변하시지만 피조물은 불변하지 않는다. 이것이 바로 무한과 유한 사이에 존재하는 '무한한 질적 차이'다.

하나님의 무한성은 하나님의 전 존재와 전 속성에 그대로 적용된다. 쉽게 설명해 보겠다. 행동이 매우 민첩하고 기민한 사람이 있다고 생각해 보자. 이 사람의 민첩성과 기민성은 이 사람이 하는 모든 행동에 필연적으로 영향을 끼칠 수밖에 없다. 예를 들어, 민첩하고 기민한 사람은 길을 가다 돌부리에 걸려 넘어져도, 재빨리 자기 몸을 보호하며 넘어져서 행동이 둔한 사람에 비해 그나마 덜 다칠 것이다.

또한 민첩한 사람은 운전할 때 갑자기 옆 차선의 차가 깜빡이 신호 없이 급하게 끼어들어도, 순식간에 핸들과 브레이크를 조작해 큰 사고가 날 확률을 그나마 최소화할 수도 있다. 행동이 민첩하고 기민한 사람은 성품 또한 그럴 확률이 지극히 높은데, 즉 한 사람의 민첩성과 기민성은 그 사람의 모든 생각, 성품, 행동 속에 그대로 반영된다.

하나님도 마찬가지시다. 하나님은 무한한 분이시다. 그러므로 그분의 모든 생각, 성품, 행동은 다 무한하다. 예를 들면, 하나님은 지식이 있으시다. 그 지식은 무한한 지식이다. 그 이유는 하나님은 무한한 존재시기 때문이다. 이 무한한 지식을 가리켜 '전지'(全知, omniscience)라고 부른다. 하나님은 능력도 있으시다. 그 능력은 무한한 능력이다. 그 이유는 하나님은 무한한 존재시기 때문이다. 이 무한한 능력을 가리켜 '전능'(全能, omnipotence)이라고 부른다. 하나님은 무한한 분이시기 때문에 그분의 모든 생각, 성품, 행동은 다 무한하다. 시편 145편 3-5절 말씀을 살펴보자.

"여호와는 위대하시니 크게 찬양할 것이라 그의 위대하심을 측량하지 못하리로다 대대로 주께서 행하시는 일을 크게 찬양하며 주의

능한 일을 선포하리로다 주의 존귀하고 영광스러운 위엄과 주의 기이한 일들을 나는 작은 소리로 읊조리리이다"(시 145:3-5).

여호와는 위대하시다. 무한히 위대하시다. 여호와는 측량 불가한 분이시다. 그 어떤 유한도 무한을 감히 측량할 수 없다. 위대하고 측량 불가능한 무한한 여호와께서 하시는 일은 영광스럽다. 무한한 존재가 무한하게 하시는 모든 일에 대해 시편 저자는 "주의 기이한 일들"이라고 불렀다. 유한한 존재가 무한한 존재를 바라보는 순간 입술에서 저절로 터져 나올 수밖에 없는 자연스러운 고백은 "참으로 기이하다"라는 고백뿐이다. 무한하신 여호와 앞에 선 유한한 피조물은 감히 무한하신 여호와 앞에 고개를 뻣뻣이 들고 서 있을 수조차 없다. 시편 저자가 정확히 노래하듯이 주의 기이한 일들을 작은 소리로 읊조릴 뿐이다.

바로 이 무한과 유한 사이에 존재하는 무한한 질적 차이에 대한 인식 및 인정으로부터 '예배'가 나온다. 사실 예배는 응당 당연한 행위다. 유한한 피조물이 무한하신 창조주 하나님을 인식하는 순간 당연히 나올 수밖에 없는 행위가 바로 예배다. 시편 29편 1-2절을 살펴보자.

"너희 권능 있는 자들아 영광과 능력을 여호와께 돌리고 돌릴지어다 여호와께 그의 이름에 합당한 영광을 돌리며 거룩한 옷을 입고 여호와께 예배할지어다"(시 29:1-2).

무한한 존재를 만난 유한한 존재가 할 일은 무한한 존재 앞에 무릎을 꿇고 무한한 존재가 응당 받아야만 하는 찬양과 경배와 예배를 올려드리는 일이다. 그러므로 신론의 알파와 오메가는 예배다. 하나님을 아는 자는 예배로 시작해 예배로 마칠 수밖에 없다. 이것이 합당한 일이고 이것이 당연한 일이다.

■ **핵심 용어 정리** ■

**무한성**
하나님의 속성(성품) 중 대표적인 속성이다. 하나님만 하나님이신 가장 뚜렷한 이유다. 하나님만 무한하시다. 즉 하나님은 그 어떤 한계 속에 계시지 않다.

**유한성**
피조물의 속성 중 대표적인 속성이나. 피조물은 특정 한계 내에 늘 위치할 수밖에 없다. 그러므로 모든 피조물은 유한한 존재다. 즉 죽는다.

**예배**
유한한 존재가 무한한 존재를 인식할 때 본질적으로 피어오를 수밖에 없는 경외심을 뜻한다. 하나님 앞에 선 피조물은 하나님께 예배하지 않을 수 없다. 그러므로 예배는 옵션이 아니라 필수다.

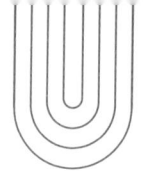

## 초월성 vs. 내재성

하나님은 무한하시다. 하지만 무한하신 하나님으로만 하나님을 대해서도 안 된다. 무한하신 하나님으로만 하나님을 대하면 '신학적 균형'이 무너진다. 하나님을 무한하신 존재로만 대하면 하나님이 유한한 우리 인간과 너무나도 동떨어진 채로 저 멀리 존재하시는 하나님으로만 인식될 수 있다.

그렇다면 신학적 균형을 어떻게 잡아야 할까? 효과적인 방식 중 하나가 바로 '초월성'과 '내재성' 사이에서 부단히 균형을 잡아보는 것이다. 하나님은 무한하신 분이기 때문에 우리 인간과 다르게 '초월적인 존재'이시다. 그러나 초월적인 존재이신 하나님은 늘 우리와 함께하고 싶어 하신다. 우리와 관계를 맺고 싶어 하신다. 우리와 교제하고 싶어 하신다. 그러므로 하나님은 초월적인 존재이신 동시에 우리 안에 존재하는 '내재적 존재'이시기도 하다.

성경은 하나님의 초월성과 내재성을 각각 뚜렷하게 강조하고 있다. 이사야 40장 18절은 하나님이 얼마나 초월적인 존재이신지를 잘 드러내주고 있다.

"그런즉 너희가 하나님을 누구와 같다 하겠으며 무슨 형상을 그에게 비기겠느냐"(사 40:18).

그 누구도 그 어떤 형상도 하나님과 같지 않다. 그 누구도 그 어떤 형상도 하나님에게 비길 존재는 없다. 그 이유는 하나님은 모든 존재보다 앞서 계시고, 모든 존재보다 위에 계시며, 모든 존재를 압도적으로 초월하는 존재시기 때문이다. 물론 하나님이 모든 존재를 초월하는 존재시긴 하지만, 그렇다고 해서 모든 존재를 무시하거나 폄하하거나 혹은 그 어떤 존재와도 관계를 맺지 않거나 모든 존재성을 무시하는 존재는 아니시다. 오히려 성경은 초월하신 하나님이 동시에 우리 안에 내재하고 계신다는 것도 함께 증거하고 있다. 사도행전 17장 27-28절 말씀이다.

"이는 사람으로 혹 하나님을 더듬어 찾아 발견하게 하려 하심이로되 그는 우리 각 사람에게서 멀리 계시지 아니하도다 우리가 그를 힘입어 살며 기동하며 존재하느니라 너희 시인 중 어떤 사람들의 말과 같이 우리가 그의 소생이라 하니"(행 17:27-28).

사도행전 저자는 하나님은 우리 각 사람에게서 "멀리 계시지 아니" 하시는 분이라는 사실을 힘 있게 증거하고 있다. 하나님이 멀리 계시지 않기 때문에 우리는 "그를 힘입어 살며 기동하며 존재"할 수 있다. "기동하다"라고 번역된 헬라어 단어는 '키네오'(κινέω)인데 '움직이다'(move)라는 의미다. 모든 인간은 우리에게서 멀리 계시지 않은 하나님을 힘입어 움직일 수 있으며 우리에게서 멀리 계시지 않은 하나님을 힘입어 비로소 존재할 수 있다. 그 이유는 하나님은 우리와 함께하시기 때문이다.

그렇다면 하나님의 초월성과 내재성은 어떻게 서로 연결될 수 있을까? 바로 '임마누엘'이신 예수 그리스도로 가능하다. 예수 그리스도는 참 하나님이셨다. 참 하나님이 하늘 보좌를 버리고 이 땅에 내려와 참 인간이 되셨다. 그리스도는 성육신하신 후 완전한 신성(하나님이심)과 완전한 인성(인간이심) 둘 다를 가진 중보자로 거듭나셨다.

그리스도는 참 하나님이시기 때문에 초월적 존재시지만, 동시에 그리스도는 참 인간이시기 때문에 내재적 존재이기도 하시다. 예수 그리스도 안에서 초월성과 내재성이 온전한 균형 감각 아래 서로 연합되고 완성된다. 그러므로 예수 그리스도는 임마누엘, 즉 "하나님이 우리와 함께 계시다'이다(마 1:23). 예수 그리스도 안에서 초월하신 하나님이 우리와 함께 내재하신다.

예수 그리스도처럼 초월성과 내재성 사이에서 완벽한 균형을 잡지 못하면 신학적으로 참담한 결과가 초래된다. 하나님을 지나치게 초월성의 맥락에서만 살펴보면 '이신론'(理神論, deism)으로 전락한다. 이신론에서의 하나님은 세상 만물을 창조하시기는 하지만, 이 하나님은 피조한 세계를 적극적으로 돌보지 않으시고 멀리 떨어져서 이 세상을 방치해 버리시는 하나님으로 귀결된다.

반대로 하나님을 지나치게 내재성의 맥락에서만 살펴보면 '범신론'(汎神論, pantheism)으로 전락할 확률이 지대해진다. 범신론에서의 하나님은 세상 만물과 크게 다를 바 없는 하나님이다. 범(汎), 즉 모든 것이 다 신(神)이 되는 사상이 범신론이다. 범신론 내에서는 하나님의 초월성이 심각하게 약화된다. 하나님이 모든 것 안에 내재하실 뿐이다. 범신론에서는 산도 신이요, 바다도 신이고, 땅도 신이다. 말 그대로 빔신이다.

그렇다면 하나님의 초월성과 내재성 사이의 균형을 어떻게 잡을 수 있을까? 초월성과 내재성의 균형을 완벽하게 잡고 계신 예수 그리스도 안에서만 가능하다. 우리는 예수 그리스도 안에서 영원을 느낄 수 있다. 예수 그리스도 안에서 초월을 느낄 수 있다. 그 이유는 예수 그리스도는 영원하고도 초월한 참 하나님이시기 때문이다. 동시에 우리는 예수 그리스도 안에서 시공간을 느낄 수 있다. 예수 그리스도 안에서 내재를 느낄 수 있다. 그 이유는 예수 그리스도는 "육신이 되어 우리 가운데 거하시매"(요 1:14)라는 말씀을 몸소 성취한 참 인간이시기 때문이다. 예수 그리스도 안에서 초월과 내재를 다 경험할 수 있다. 그러므로 예수 그리스도는 초월과 내재 사이에서의 신학적 중보자시다.

■ 핵심 용어 정리 ■

**초월성**
창조주 하나님은 그 어떤 피조물보다 높으시고 위대하시다는 사실을 묘사하는 단어이다. 초월하신 하나님은 초월하지 않은 피조 세계와 반드시 구별 되신다. 이 구별이 무너지면 결국 '범신론'으로 발전된다.

**내재성**
초월하신 창조주 하나님은 피조 세계와 구별은 되시지만 아예 분리되지는 않으신다는 개념을 묘사하는 단어이다. 하나님은 만물과 만물의 영장인 인간과 함께하신다. 이 함께하심이 무너지면 결국 '이신론'으로 발전된다.

**성육신**
하나님의 초월성과 내재성의 균형을 기독론적으로 묘사하는 표현이다. 예수 그리스도께서는 참 하나님(초월성)이셨지만 이 땅에 참 인간(내재성)으로 내려오셔서 초월과 내재의 균형을 잡으셨다. "육신이 되어 우리 가운데 거하시매"(요 1:14)라는 말씀이 예수 그리스도 안에서 성취되었다.

## 통일성 vs. 다양성

　가을이 한창 무르익어갈 때쯤 알록달록 단풍으로 우거진 산에 한 번 올라가 보라. 하나님이 창조하신 자연 만물의 아름다움을 맘껏 느낄 수 있다. 특히 가을 산을 가득 수놓은 단풍 색깔을 넌지시 바라볼 때면 아름다움을 넘어서 경이로움까지 느끼게 된다. 각 나무마다 전혀 다른 모양과 전혀 다른 색깔의 잎을 가지고 있지만, 놀랍게도 그 모든 모양과 색깔이 어우러지면 가을 단풍산의 장관이 절정에 이르게 된다. 마치 화가가 치밀한 미적 전략을 가지고 색의 농도와 채도를 계산해 한 폭의 캔버스에 담아 놓은 것처럼, 가을 단풍으로 우거진 산은 아름답고 아름다우며 또 아름답다.

　단풍산은 '통일성'과 '다양성'의 기가 막힌 조화의 향연이 벌어지는 곳이다. 서로 다른 모양과 색깔의 잎들이 한데 모여 경이로운 통일성을 보여준다. 어떻게 이것이 가능할까? 어떻게 가을 산은 단풍으로 이렇게 예쁘고 아름다울까? 그것은 이 세상 자연 만물을 만드신 분이 예쁘고 아름다우시기 때문이다. 가을 산을 만드신 분이 통일성과 다양성 사이의 기가 막힌 조화의 향연의 궁극적 시작이시기 때문이다.

하나님 내의 통일성과 다양성의 기가 막힌 조화를 드러내는 가장 뚜렷한 증거가 바로 '삼위일체'이다. 삼위일체는 삼위격·일본체의 줄임말로 이해하면 편하다. 하나님은 성부·성자·성령이라는 세 위격으로 존재하신다. 그러므로 위격은 다양하다. 하지만 각 위격이 중구난방으로 다양한 것은 아니다. 세 위격은 반드시 하나의 통일성으로 묶인다. 바로 '하나님이심'이다. 즉 성부의 위격도 하나님이시고, 성자의 위격도 하나님이시며, 성령의 위격도 하나님이시다. 그러므로 삼위격의 다양성은 질서를 어지럽히지 않고 하나님이심이라는 일본체의 통일성 내에서 신적인 질서를 철저히 잡아나간다.

성경은 성부 하나님, 성자 하나님, 성령 하나님이라는 위격적 다양성을 정확히 증거한다. 마태복음 3장 16-17절이 대표적이다.

"예수께서 세례를 받으시고 곧 물에서 올라오실 새 하늘이 열리고 하나님의 성령이 비둘기 같이 내려 자기 위에 임하심을 보시더니 하늘로부터 소리가 있어 말씀하시되 이는 내 사랑하는 아들이요 내 기뻐하는 자라 하시니라"(마 3:16-17).

이 본문은 예수께서 세례 요한에게 세례를 받으시는 장면이다. 이 장면에 나타난 존재는 크게 세 분이시다. 예수 그리스도, 하나님의 성령, 하늘로부터 소리를 내는 존재이시다. 하늘로부터 소리를 내시는 존재는 세례받는 예수께 "내 사랑하는 아들이요"라고 부르셨으니, 이 존재는 당연히 아버지시다. 그러므로 하늘로부터 소리를 내는 존재는 성부 하나님이시고 '사랑하는 아들'이라 칭함 받는 예수는 성자 하나님이시다. 그때 하나님의 성령이 세례받는 예수 위에 임하신다. 이분은 본문이 적시하는 대로 성령 하나님이시다. 즉 이 본문은 삼위일체 하나님의 위격적 복수성과 위격적 구별성, 즉 위격적 다양성을 여실히 드러내고 있는 본문이다.

성경은 동시에 본질의 통일성도 뚜렷하게 증거한다. 성부의 위격, 성자의 위격, 성령의 위격은 동일 본질의 통일성 내에 존재한다. 에베소서 4장 4-6절을 살펴보자.

"몸이 하나요 성령도 한 분이시니 이와 같이 너희가 부르심의 한 소망 안에서 부르심을 받았느니라 주도 한 분이시요 믿음도 하나요 세례도 하나요 하나님도 한 분이시니 곧 만유의 아버지시라 만유 위에 계시고 만유를 통일하시고 만유 가운데 계시도다"(엡 4:4-6).

바울은 이 본문에서 하나님도 한 분이시고, 주도 한 분이시며, 성령도 한 분이시라고 명시하고 있다. 즉 성부의 위격과 성자의 위격과 성령의 위격은 각기 서로 다른 하나님이 아니라 모두 한 분, 한 하나님이시다. 본질과 본성은 통일적인 한 하나님이시다.

삼위일체의 맥락 속에서 통일성과 다양성의 조화가 깨지면 신학적 참담함이 초래된다. 만약 삼위일체의 통일성만 강조되면 '양태론'(樣態論, modalism)으로 전락하는데, 양태론은 성부·성자·성령 하나님이 위격적 구별로 존재하시는 것이 아니라 모습이나 모양 정도만 다른 위격으로 바뀌어 나타난다는 사상이다. 즉 성부의 위격이 때로는 성자의 위격으로 나타나고, 성자의 위격이 때로는 성령의 위격으로 나타난다. 같은 존재가 가면만 바꿔 써 가면서 나오는 것이다. 양태론의 문제는 위격적 다양성과 구별성이 심각하게 약화된다는 점이다.

반대로 만약 삼위일체의 다양성만 강조되면 '삼신론'(三神論, tritheism)으로 전락한다. 삼신론은 세 위격이 있는 것이 아니라 서로 다른 세 하나님이 각각 존재한다는 사상이다. 삼신론이 강화되면 결국 성부와 성자와 성령은 서로 다른 존재성, 서로 다른 의지, 서로 다른 생각, 서로 다른 행동을 각각 독립적으로 하는 존재가 되어 결국 서로 다른 세 하나님이 탄생한다. 삼신론의 문제는 본질적 통일성이 심각하게 약화된다는 점이다.

신적인 통일성과 신적인 다양성은 철저한 균형 감각 위에 세워져야 한다. 이는 마치 인간의 몸과도 같다. 인간의 몸 안에는 다양한 장기가 있다. 몸 안의 장기는 서로 다른 사이즈와 색깔로 존재하며 서로 다른 역할과 기능으로 존재한다. 하지만 그 다양한 장기들은 전부

다 한 몸 안에 있다. 장기가 몸 밖으로 나오는 순간 큰일 난다. 장기가 몸 밖으로 나오는 순간 병원에 실려 가야 한다. 다양성은 통일성 안에 존재해야 하며, 통일성은 다양성을 아름답게 품어 내야 한다.

삼위일체 하나님이 바로 그런 존재이시다. 삼위격·일본체는 서로가 서로를 지탱하며 서 있고 서로가 서로를 지향하며 서 있다. 위격적 다양성은 본질적 통일성 안에 존재하며 본질적 통일성은 위격적 다양성을 아름답게 품고 있다. 그러므로 이런 삼위일체 하나님이 만드신 이 세계는 다양하면서도 통일적이고 통일적이면서도 다양할 수밖에 없다. 이것이 바로 신적인 아름다움이요 신적인 조화로움이다.

■ 핵심 용어 정리 ■

**삼위일체**
하나님의 존재 양식을 묘사하는 표현이다. 삼위일체는 삼위격·일본체의 줄임말로 성부의 위격, 성자의 위격, 성령의 위격이 삼위격이며, 성부·성자·성령이 모두 다 같은 하나님이라는 뜻이 일본체. 삼위격과 일본체의 신학적 균형은 절대 깨지면 안 된다.

**양태론**
성부·성자·성령 삼위격보다 일본체가 더 강조될 때 창출되는 신학적 오류이다. 세 위격 간의 구별이 사라지고 하나의 위격이 가면만 바꿔 써 가며 등장하게 된다.

**삼신론**
성부·성자·성령 삼위격이 일본체보다 더 강조될 때 발생하는 신학적 오류이다. 일본체성이 사라지고 세 위격의 구별성만 강조되어 결국 서로 다른 세 개의 머리가 달린 하나님이 탄생 된다.

## 계획성 vs. 무계획성

현대신학 분야에서 '열린 유신론'(open theism)이라는 학문이 있다. 하나님은 폐쇄적이고도 결정적으로 모든 것을 불변하게 정하신 것이 아니라, 오히려 피조 세계의 반응에 따라 얼마든지 자기 생각과 계획을 자유롭게 바꾸실 수 있는 분이라는 사상이다. 즉 하나님의 생각과 계획은 닫혀 있는 것이 아니라, 오히려 열려 있다고 생각하는 사상이 바로 열린 유신론이다.

열린 유신론 안에서의 하나님은 뚜렷한 계획이 없다. 열린 유신론 안에서의 하나님은 얼마든지 자기 계획을 바꾸고 수정하고 결말을 열어 둔다. 그렇다면 과연 하나님은 실제 이 세상 만물에 대한 뚜렷한 계획이 없으실까? 하나님은 얼마든지 주변 상황에 따라 유동적으로 자기의 생각과 계획을 막 바꾸시는 분일까? 성경은 그렇지 않음에 대해 분명히 말한다. 시편 102편 26-28절을 보자.

"천지는 없어지려니와 주는 영존하시겠고 그것들은 다 옷 같이 낡으리니 의복 같이 바꾸시면 바뀌려니와 주는 한결같으시고 주의 연대는 무궁하리이다 주의 종들의 자손은 항상 안전히 거주하고 그의 후손은 주 앞에 굳게 서리이다 하였도다"(시 102:26-28).

천지는 바뀐다. 천지는 유동적이다. 천지는 망가지기도 하고 회복되기도 한다. 장차 옛 하늘과 옛 땅은 새 하늘과 새 땅으로 온전히 회복될 것이다. 그러나 하나님은 "영존"하실 것이다. '영존'이라고 번역된 히브리어 단어는 '아마드'(עמד)인데 그 뜻은 대부분 '확고히 서도록 하다'(stand in position)의 의미를 지니지만 때로는 '확인하다'(confirm)라는 의미로도 사용된다. 천지는 바뀌어도 하나님의 존재와 사역은 늘 확고히 서 있을 것이다. 하나님이 자신의 불변하심을 자기의 사역으로 친히 우리에게 확인해 주실 것이다. 의복은 늘 바뀌고 헤어지고 삭지만 주의 연대는 늘 "한결"같고 "무궁"할 것이다.

이 본문에서 주목할 부분은 하나님의 영존하심과 한결같으심에 대해 선포한 이후의 내용이다. 한결같으시고 무궁하신 하나님의 백성은 "항상 안전히 거주"하게 될 것이며 하나님 앞에서 "굳게" 서게 될 것이다. 그 이유는 무엇일까?

예를 들어 보겠다. 한 가정에 아버지가 있다고 생각해 보자. 이 아버지는 감정 기복이 너무 심해서 아침에는 가족들 한 명 한 명에게 뽀뽀 세례를 퍼부으며 "얘들아, 아빠가 너희 너무너무 사랑하는 거 알지?" 하고 하트 가득한 눈망울로 아이들을 꼭 껴안아 준다. 그런데 밤이 되면 갑자기 아무 이유 없이 아내를 발로 차고 아침에는 자녀들의 뺨을 후려치며 "당장 이 집에서 나가! 너희들 다 꼴도 보기 싫다!" 하며 사자후를 토한다. 그리고 또 그다음 날 아침에는 다시 뽀뽀 세례를 퍼부으며 사랑한다고 말한다.

그렇다면 이 가정에서 자라나는 자녀들의 심정이 어떨까? 시편 저자가 표현하듯, 과연 이런 변덕스러운 아빠를 둔 자녀들이 집 안에서 '항상 안전히 거주'할 수 있을까? 과연 이런 가정에서 자란 아이들이 어떤 상황 속에서도 '굳게 서게' 될 수 있을까?

마찬가지다. 하나님의 계획이 변덕스럽게 바뀌고 상황에 따라 유동적으로 변경되며, 말 그대로 늘 조변석개(朝變夕改)한다면 어느 장단에 맞춰 아름다운 춤을 출 수 있을까? 반대로 하나님이 불변하시고, 하나님의 계획도 불변하며, 불변하신 하나님이 세우신 언약도 불변하고, 언약에 신실하신 하나님이 모든 언약을 충실히 지키시는 분이라면 우리에게 어떤 감정이 싹트겠는가? 바로 참된 위로와 안심과 화평이다. 말라기 3장 6절이 바로 이 이야기를 우리에게 전해 주고 있다.

"나 여호와는 변하지 아니하나니 그러므로 야곱의 자손들아 너희가 소멸되지 아니하느니라"(말 3:6).

여호와는 변하지 않는 분이시다. 그러므로 그분의 계획과 약속과 언약도 변하지 않는다. 그러므로 변하지 않으시는 여호와 하나님의 자손들은 '소멸되지 아니'한다. 하나님이 자기 자손들을 지키겠다는 약속을 하셨다면 그 약속은 그 어떤 상황과 환경 속에서도 반드시 지켜지게 될 것이다. 그 확고한 신적 불변함으로부터 참된 위로와 안심과 화평이 싹터 온다.

하나님은 세상의 모든 것에 대해 영원 전부터 다 계획하셨다. 만약 그렇지 않다면 하나님은 늘 놀라시게 된다. 전쟁이 나도 하나님은 놀라실 것이다. 전염병이 돌아도 하나님은 놀라실 것이다. 대형 사고가 터져도 하나님은 놀라실 것이다. 만약 하나님이 아무것도 계획하지 않으셨다면 매일매일 뉴스를 보며 놀라는 우리네 인간들처럼 늘 놀라실 것이다. 하지만 하나님은 그 어떤 상황에도 놀라지 않으실 줄 믿는다. 그 이유는 하나님이 이 땅에서 벌어지는 모든 일을 영원 전부터 전부 계획하신 만물의 주권자이시기 때문이다. 에베소서 1장 11절을 살펴보자.

"모든 일을 그의 뜻의 결정대로 일하시는 이의 계획을 따라 우리가 예정을 입어 그 안에서 기업이 되었으니"(엡 1:11).

바울 사도는 하나님을 가리켜 "모든 일을 그의 뜻의 결정대로 일하시는 이"라고 부른다. 즉 이 땅에서 벌어지는 모든 일은 전부 다 '하나님의 뜻의 결정대로' 이루어지는 일들이다. 여기서 주목할 표현은 바로 '하나님의 뜻'이다. 하나님은 '우리의 뜻'대로 일을 하시는 분이 아니시다. 하나님은 '자기의 뜻'대로만 일하시는 분이다.

그러므로 우리는 함부로 이 땅에서 일어나는 일들을 우리의 뜻대로 평가해서는 안 된다. 우리가 보기에 안 좋은 일도 우리의 뜻 속에서의 안 좋은 일이지 하나님의 뜻 속에서의 안 좋은 일이 아닐 수 있다. 우리가 보기에 좋은 일 역시 우리의 뜻 속에서나 좋은 일이지 하나님의 뜻 속에서는 좋은 일이 아닐 수도 있다. 그러므로 하나님의 작정을 깊이 묵상하는 자는 감히 일희일비(一喜一悲)할 수 없다. 유한한 우리가 무한하신 하나님의 뜻을 온전히 측량할 수도, 온전히 가늠조차 할 수도 없기 때문이다. 야고보서 1장 17절 말씀을 살펴보자.

"온갖 좋은 은사와 온전한 선물이 다 위로부터 빛들의 아버지께로부터 내려오나니 그는 변함도 없으시고 회전하는 그림자도 없으시니라"(약 1:17).

성부 하나님은 우리에게 늘 "온갖 좋은 은사"와 "온전한 선물"을 내려 주신다. 그분이 주시는 모든 것 안에는 "그림자"가 없다. 그림자는 하나님의 것이 아니라 인간의 것이다. 하나님은 "빛들의 아버지"이시므로 하나님의 계획과 뜻에는 우리를 향한 그림자가 아예 없다. 온갖 좋은 은사와 온전한 선물만 가득할 뿐이다. 그것을 바로 '은혜'라 부른다. 하나님의 뜻이 곧 우리에게는 은혜다.

■ 핵심 용어 정리 ■

**열린 유신론**
하나님께서 뚜렷하고 불변하게 자기 뜻을 정하지 않고 주변 환경에 따라 얼마든지 자기 뜻과 입장을 열어 놓고 수시로 바꿀 수 있다고 주장하는 사상이다. 열린 유신론 내에서의 하나님은 결국 '팔랑귀'를 가진 조변석개 하나님으로 전락하고 만다.

**언약적 신실하심**
하나님의 불변적 속성을 묘사하는 표현이다. 하나님은 자신의 약속과 언약을 반드시 지키신다. 그 이유는 약속과 언약에 하나님의 명예와 주권이 달려 있기 때문이다. 언약에 신실하신 하나님의 속성은 우리에게 큰 위로와 기쁨을 준다.

**작정**
삼위일체 하나님께서 영원 전에 세우신 계획과 뜻을 묘사하는 표현이다. 하나님은 랜덤(random)하게 자의적으로 일하시는 분이 아니시다. 하나님은 영원 전부터 모든 일을 작정하시고 섭리로 실행하시는 분이시다.

## 자유 보장 vs. 자유 침해

인류 역사는 18세기 계몽주의 이후부터 급격한 사상적 변곡점을 통과하게 된다. 18세기 이후부터 '인간의 자율성'이 최우선 권위를 지니게 되었다. '자유'만이 최고의 가치이며 자유를 억압하는 것은 적폐이며 반드시 타도해야 할 대상이 되었다. 자유롭게만 한다면 그것이 진리가 되었고 그 자유가 억압되면 비진리가 되어 공개적으로 탄핵되었다.

맞다. 자유는 소중한 가치다. 모든 인간은 다 자유로울 권리가 존재한다. 여기서 부딪히는 것이 바로 '하나님의 절대 주권'과 '인간의 자유' 사이의 관계성이다. "하나님이 절대적인 주권을 가지고 온 만물을 통치하고 계시는 절대 주권자신데 과연 인간에게 자유가 있을 수 있을까?"라는 질문이 늘 불거졌다. 결국 하나님의 절대 주권성 앞에 서 있는 인간은 독재자 하나님 앞에 무기력하게 서 있는 꼭두각시일 뿐 아닌가? 하나님 앞에 선 인간은 자유의지가 심각하게 박탈된 로봇 정도가 아닌가? 이런 질문은 매우 중요하고도 복잡한 논의를 낳는 질문이지만 최대한 핵심만 간추려 살펴보자.

핵심은 하나님이 모든 만물의 절대 주권자이신 사실이 인간의 자유의지를 침해하지 않는다는 '신앙 고백'이 필요하다는 점이다. 꼭 기억할 사실은 이는 '논리적 고백'이 아니라 '신앙 고백'이라는 것이다. 신앙 고백은 하나님의 존재와 성품을 '믿음'에서부터 시작한다. 하나님이 누구신가? 하나님은 전능하신 분이다. 그분에게는 능치 못함이 없다. 모든 것을 다 하실 수 있다. 그러므로 하나님은 영원 전부터 모든 것을 다 불변하게 계획하셨다 하더라도, 그분은 전능하시기 때문에 우리의 자유의지를 침해하지 않으시고 오히려 우리에게 자유의지를 허락하시면서도 자신의 불변한 계획을 우리의 자유와 더불어 실행해 가실 수 있다는 '신앙을 고백하는 것'이다.

예를 들어 보자. 현재 당신은 이 책을 읽고 있다. 이 책을 읽는 당신은 자유의지를 사용하고 있다. 책을 읽을 자유도 당신에게 있고, 책을 당장 덮고 읽지 않을 자유도 당신에게 있다. 당신은 지금 무한하게 자유롭다. 그러나 이 책을 계속 읽어나가든, 아니면 멈추고 책을 덮든 그 어떤 자유 선택을 해도 그 모든 선택은 하나님의 불변한 계획 아래 존재한다.

하나님은 당신이 어떤 선택을 하든 놀라지 않으실 것이다. 하나님이 모든 것을 이미 다 계획하셨기 때문이다. 그러나 모든 것을 계획해 놓으셨다고 해서 그 하나님의 계획이 당신의 자유의지를 빼앗지 않는다. 오늘도 당신은 무한한 자유 가운데서 자신이 원하는 선택을 자유롭게 할 것이다.

이 개념을 신학에서는 '신적 협력'(divine concurrence)이라고 부른다. 하나님은 모든 일의 제1차 원인(the first cause)으로 작동하시고, 인간은 모든 일의 제2차 원인(the second cause)으로 작동한다. 제1차 원인이신 하나님은 절대로 홀로 일하시지 않고 반드시 자신의 형상으로 만드신 제2차 원인인 '인간을 통해' 일하신다. 제1차 원인은 제2차 원인의 자유를 빼앗지 않는다. 제2차 원인은 언제나 자유롭다. 하지만 제2차 원인의 자유는 제1차 원인 아래에서 협력한다.

분명히 다시 말하지만, 이는 다 '신앙 고백'이다. 로마서 8장 28절을 살펴보자.

"우리가 알거니와 하나님을 사랑하는 자 곧 그의 뜻대로 부르심을 입은 자들에게는 모든 것이 합력하여 선을 이루느니라"(롬 8:28).

모든 일이 제1차 원인인 '하나님'과 제2차 원인인 '인간' 사이에서 합력하여 선이 이루어진다. '합력하다'의 헬라어 동사는 '쉬네르게오'(συνεργέω)인데 그 기본적인 뜻은 '함께 일하다'(work together with)

이다. 하나님은 독재자가 아니시다. 하나님은 자기 멋대로만 일하는 독불장군이 아니시다. 하나님은 제2차 원인을 존중하신다. 제2차 원인과 함께 일하길 소망하신다. 하나님은 심지어 제2차 원인을 살리기 위해 독생자까지도 이 땅에 보내신 분이다. 하나님은 절대로 제2차 원인을 무시하시는 분이 아니다.

하나님의 절대 주권성과 인간의 자유의지 사이의 관계에 대한 논의는 사실 손쉽게 금방 풀리지 않을 성질의 논의다. 이럴 때일수록 로마서 11장 33-36절은 우리에게 사안의 본질에 보다 더 가깝게 접근할 수 있는 귀한 기회를 제공해 준다.

"깊도다 하나님의 지혜와 지식의 풍성함이여, 그의 판단은 헤아리지 못할 것이며 그의 길은 찾지 못할 것이로다 누가 주의 마음을 알았느냐 누가 그의 모사가 되었느냐 누가 주께 먼저 드려서 갚으심을 받겠느냐 이는 만물이 주에게서 나오고 주로 말미암고 주에게로 돌아감이라 그에게 영광이 세세에 있을지어다 아멘"(롬 11:33-36).

하나님의 절대 주권성과 인간의 자유의지 사이의 관계성에 대한 논의는 대단히 복잡하고 첨예하기 때문에 교회 역사 속에서도 많은 논쟁이 있었다. 4-5세기 때 아우구스티누스와 펠라기우스의 논쟁이 있었고, 16-17세기 때도 칼뱅주의와 아르미니우스주의 사이의 재격돌이 있었다. 하지만 로마서 본문이 정확히 말하고 있는 것처럼, 하나님의 지혜와 지식은 깊고 풍성하다. 우리는 하나님의 판단을 감히 헤아릴 수 없다. 그 누구도 하나님의 길을 온전히 찾을 수는 없다. 하지만 모두가 하나님 앞에서 '모사'가 되려고 한다. '모사'(σύμβουλος)는 '조언자, 상담자'라는 뜻이다. 가장 지혜로우신 분 앞에서 자기의 얄팍한 지혜를 뽐내고 있다.

이 논의에서 가장 바람직한 태도와 자세는 하나님을 공격하기보다는 하나님을 옹호하는 편에 서는 것이다. 그 이유는 우리는 현재 인간학을 하는 것이 아니라 '신학'을 하고 있기 때문이다. 신학은 하나님을 공격하는 학문이 아니라 하나님을 옹호하고 하나님의 편에 서는 학문이라고 굳게 믿는다. 쉽게 잘 풀리지 않는 미스터리한 주제일수록 하나님 앞에서 모사가 되려고 하기보다는 오히려 하나님을 하나님으로 믿고 하나님께만 영광을 세세에 올려드리는 것이 더 마땅할 태도일 줄 믿는다.

■ 핵심 용어 정리 ■

**자유의지**
영혼을 가진 인간의 기본적인 행위론적 기능을 뜻한다. 인간 영혼의 기능은 크게 지(지성적 능력), 정(감정적 능력), 의(의지적 능력)로 구성되는데, 자유의지는 인간이 가진 의지적 능력을 뜻한다. 인간은 자유의지를 품을 때 비로소 행위가 창출된다.

**신적 협력**
하나님과 인간이 서로 협력해 일을 한다는 개념이다. 신적 협력에서 중요한 지점은 뚜렷한 '우선순위'가 있다는 점이다. 신적 협력의 맥락 속에서는 하나님이 언제나 제1차 원인이시고, 인간은 언제나 제2차 원인이다.

### 아르미니우스주의
16-17세기 네덜란드를 살았던 신학자 야코부스 아르미니우스(Jacobus Arminius, 1560-1609)를 따르는 신학 체계를 뜻한다. 하나님 중심적 신학을 전개했던 장 칼뱅(Jean Calvin, 1509-1564)과 대척점에 선 신학으로 하나님보다는 인간을 신학의 중심에 세웠다.

### 한 장으로 정리하는 교리

**하나님은 무한하시고 인간은 유한하다.**

하나님은 창조주시고 인간은 피조물이다. 창조주는 피조물보다 압도적이고, 피조물보다 지혜로울 뿐만 아니라, 피조물보다 더 강하시다. 그 이유는 하나님은 '무한'하신 분이기 때문이다. 하나님 앞에는 그 어떤 한계나 제한도 없다. 하지만 인간은 '유한'하다. 한계가 뚜렷하다. 그러므로 무한하신 하나님 앞에 선 유한한 인간은 감히 고개를 뻣뻣이 치켜세울 수조차 없다. 유한한 존재는 무한한 존재 앞에 엎드려 예배하고 경배해야 한다. 이것이 바로 신론의 핵심이다.

**하나님은 초월성과 내재성 둘 다를 확보하시는 분이다.**

무한한 하나님은 유한한 피조물과 반드시 구별되는 분이시다. 그러므로 하나님은 본질적으로 그 어떤 피조 만물보다 더 초월적인 존재이시다. 하지만 하나님은 피조 만물과 아무 상관 없이 초월한 상태로만 관념적으로 존재하지 않으신다. 오히려 초월하신 하나님은 은혜 가운데 우리와 내재하신다. 우리와 함께하신다(임마누엘). 초월성(참 하나님)과 내재성(참 인간) 둘 다를 균형 감각 가운데 가지고 계신 예수 그리스도가 바로 초월과 내재의 바른 관계의 핵심 모델이시다.

**삼위일체 하나님은 통일성과 다양성 둘 다를 확보하시는 분이다.**

성부·성자·성령의 각 위격은 모두 다 하나님이시다. 그러므로 본성으로는 '통일적인 일체'이시다. 하지만 동시에 하나님은 성부·성자·성령이라는 서로 다른 위격을 '다양하게' 가지고 계시는 분이기도 하시다. 삼위일체 하나님은 하나님의 신적 통일성과 다양성의 아름다운 균형 감각을 만방에 선포하고 계시는 분이시다.

**하나님의 영원 전 작정은 인간의 자유의지를 침해하지 않는다.**
하나님은 이 땅에서 일어나는 모든 일들을 전부 다 영원 전에 계획하셨고 작정하셨다. 하지만 하나님의 영원 전 작정이 인간의 자유의지를 침해하거나 빼앗지 않는다. 이는 '신앙 고백'으로 하나님의 제1차 원인 되심과 인간의 제2차 원인 됨을 믿음으로 고백하는 것이다. 이런 고백은 공허한 고백으로 남지 않고 실존적으로 증명되고 체득된다.

■ 묵상 및 토론 질문 ■

1. 유한한 존재가 무한한 존재를 만나면 예배하지 않을 수 없다. 현재 나의 예배 생활을 돌이켜 보고 무엇이 문제이며 어떻게 이 문제를 해결할 수 있을지 고민하고 나눠 보라.
2. 하나님이 성부·성자·성령 삼위일체 하나님으로 존재하신다고 하는 의미가 나의 구체적인 삶의 현장 속에서 어떤 실제적·실천적 의미를 지닐 수 있을까?
3. 내 삶 속에서 '신적 협력'이 있었던 때나 사건이 있었는가? 한번 생각해 보고 나눠 보라.

## 인간론

3장에서 다뤘던 하나님은 창조주시다. 이번 4장은 창조주 하나님께서 솜씨 있게 만드신 인간에 대해 다루는 '인간론'으로 구성된다. 다른 피조물들과 비교해 인간이 얼마나 독특하고 소중한 존재인지, 인간만 가진 지·정·의의 전인성이 무슨 뜻인지, 인간의 통일성이 무슨 의미인지, 인간이 짓고 있는 죄가 정확히 무엇인지에 대해 포괄적으로 다룬다. 지피지기면 백전불태인데, 4장을 통해 '나'를 제대로 아는 귀한 시간이 될 것이다.

**4장**

# 욕심이 잉태한즉 죄를 낳고

"욕심이 잉태한즉 죄를 낳고 죄가 장성한즉 사망을 낳느니라"(약 1:15).

## 인간만 압도적으로 특별하다

전 세계 만물 중 가장 압도적으로 특별한 존재는 '사람'이다. 특별함의 척도로만 따지자면 타의 추종을 불허하는 존재가 바로 사람이다. 사람은 왜 다른 존재와 비교해 이토록 특별할까? 그 이유는 존재의 근원적 시작부터 여타 다른 존재들과 비교해 압도적으로 다르기 때문이다.

이 세상 만물은 모두 '말씀'으로 창조되었다. 요한복음 1장 1-3절을 살펴보자.

"태초에 말씀이 계시니라 이 말씀이 하나님과 함께 계셨으니 이 말씀은 곧 하나님이시니라 그가 태초에 하나님과 함께 계셨고 만물이 그로 말미암아 지은 바 되었으니 지은 것이 하나도 그가 없이는 된 것이 없느니라"(요 1:1-3).

태초에 말씀, 즉 '로고스'(λόγος)가 계셨다. 로고스는 태초부터 성부 하나님과 함께, 성부 하나님을 향해 계셨다. 태초부터 성부 하나님과 함께 계셨던 로고스를 통해 만물이 지은 바 되었다. 말씀 없이는 그 어떤 것도 스스로 존재할 수 없었다. 만물은 '그 말씀으로 말미암는'(δι' αὐτοῦ) 방식으로만 창조되었다. 말씀이 무(無)존재에 존재성을 유(有)하게 부여했다. 이 원리가 바로 '무로부터의 창조' 원리다.

신약은 구약을 증거하고 구약은 신약을 증거하는 자증성의 원리에 따라 신약성경인 요한복음 1장 1-3절 말씀은 구약성경인 창세기 1장 3절과 창세기 1장 11절 말씀으로 상호 자증된다. 창세기의 이런 본문들은 요한복음에서 말하고 있는 말씀 창조가 정확히 어떻게 이루어졌는지를 구체적으로 묘사하는 본문들이다. 창세기 1장 3절 말씀을 먼저 보자.

"하나님이 이르시되 빛이 있으라 하시니 빛이 있었고"(창 1:3).

"하나님이 이르시되"라는 표현은 '하나님이 말씀하셨다'라는 의미로, 그 말씀의 내용은 빛이 "있으라"였다. '있으라'라는 표현에 사용된 히브리어는 '하야'(היה)인데 그 뜻은 '발생하다'(come to pass), '일어나다'(occur), '벌어지다'(happen) 등이다. 하나님께서 흑암이 깊음 위에 있는 상태에 "있으라"고 말씀하시니 흑암 속에서 빛이 창조되었다. 빛이 발생했고 빛이 일어났다.

창세기 1장 11절은 또 다른 형태의 말씀 창조 방식이 등장하는 구절이다.

> "하나님이 이르시되 땅은 풀과 씨 맺는 채소와 각기 종류대로 씨 가진 열매 맺는 나무를 내라 하시니 그대로 되어"(창 1:11).

이 본문에서도 창세기 1장 3절처럼 하나님이 말씀하셨다. 그러나 다른 방식으로 말씀하셨다. 각기 종류대로 씨 가진 열매 맺는 나무가 "있으라"고 말씀하지 않으셨고, 오히려 다른 방식인 땅은 씨 가진 열매 맺는 나무를 "내라"고 말씀하셨다. '내라'(רשׁא)이 외미는 '싹 니다'(sprout), '풀을 내다'(grow green)라는 뜻이다.

이를 정리하면, 요한복음 1장 1-3절의 말씀 창조의 방식은 "있으라"와 "내라"라는 말씀으로 하나님이 이르시는 방식이다. 하나님이 "있으라"와 "내라"로 이르시면 무존재는 존재가 부여되어 비로소 이 땅에 존재하게 되었다.

하지만 사람은 전혀 다르다. 하나님은 사람아 "있으라", 땅이여 사람을 "내라"라고 말씀하시지 않았다. 그러므로 사람은 이 세상 만물과 기원이 아예 다르다. 시작부터 완전히 다르다.

"여호와 하나님이 땅의 흙으로 사람을 지으시고 생기를 그 코에 불어넣으시니 사람이 생령이 되니라"(창 2:7).

여호와 하나님은 땅의 흙으로 사람을 지으셨다. 그리고 흙으로 지은 사람의 코에 무언가를 '불어 넣으셨다.' 그 무언가는 바로 '생기'였다. 바로 여기에서 사람이 다른 존재들과 비교해 얼마나 압도적으로 특별한 존재인지가 여실히 드러난다. 핵심은 크게 두 가지다. 사람에게는 '생기'를 '불어넣으셨다'는 것이다. "생기"라고 번역된 단어는 '네샤마'(נְשָׁמָה)라는 히브리어인데 그 기본적인 뜻은 '공기의 움직임'(movement of air), 즉 '숨'(breath)이다. 하나님이 사람에게 호흡을 주셨다는 뜻이다.

호흡을 주시는 방식도 압도적으로 특별하다. 그 어떤 존재에게도 하지 않으셨던 행동을 하나님이 취하신다. 바로 자신의 숨을 인간에게 불어넣으신 것이다. "불어넣다"라고 번역된 히브리어는 '나파흐'(נָפַח)라는 동사인데 그 뜻은 기본적으로 '불다'(blow)이다. 확실히 특별한 방식이다. 하나님이 자신의 숨을 흙으로 지은 인간에게 직접 불어서 넣어 주셨다. 그러므로 사람만 하나님의 숨을 가지고 있다. 그러므로 사람만 하나님과 호흡을 맞출 수 있다. 너무나도 특별하다. 이렇게 특별한 사람을 가리켜 창세기 본문은 "생령"이라고 부른다. '네페쉬'라는 히브리 단어인 '생령'(נֶפֶשׁ)에 대해 영어 성경은 "생물"(living being), "생명"(life), "마음"(heart) 등으로도 다양하게 번역하는

데 그중에서도 주목해야 할 번역은 '영혼'(soul)이라는 번역이다.

'영혼'에 주목해야 한다. 인간이 온 우주 만물의 수많은 존재와 비교해 압도적으로 다른 점은 바로 인간에게만 영혼이 있다는 점이다. 그것은 하나님의 숨을 가지고 있다는 뜻이다. 신적 생명의 온기가 가득하다는 뜻이다. 영혼이 있는 존재만 하나님과 영으로 교제할 수 있고, 영혼이 있는 존재만 하나님과 영으로 교통할 수 있다. 세상 만물의 창조주요 주관자이신 하나님과 교제하고 교통할 수 있는 존재는 하나님의 숨이 불어넣어진 생령, 즉 사람밖에 없다. 너무나도 압도적으로 특별하다.

■ 핵심 용어 정리 ■

**생기**
여타 다른 피조물과 인간 사이에 존재하는 궁극적 '차이'의 핵심이다. 창조주 하나님은 그 어떤 피조물에게도 생기를 직접 넣어 주지 않으셨다. 오로지 인간에게만 하나님의 숨을 불어넣어 주셨다. 이 지점에서 인간만의 독특성이 강하게 드러난다.

**나파흐(נפח)**
창조주 하나님께서 자신의 형상인 사람을 만들 때 하셨던 독특한 행위를 묘사하는 히브리 단어이다. 기본적인 뜻은 '불다'인데 하나님은 자신의 숨을 인간의 코에 직접적으로 불어넣으셨다.

**영혼**
하나님의 생기가 인간에게 들어간 결과 사람은 '생령'이 되었는데 생령이 가진 독특함은 바로 '영혼'에 있다. 인간이 영이신 하나님과 교제하고 교통할 수 있는 이유는 인간에게만 영혼이 있기 때문이다.

## 깨달을 수 있고, 느낄 수 있으며, 행할 수 있다

하나님의 숨이 들어온 인간은 하나님의 숨이 들어오지 않은 여타 다른 존재들과 달리 특별한 능력을 압도적으로 가지고 있다. 영원한 것을 깨달을 수 있고, 영원한 것을 느낄 수 있으며, 영원한 것을 위해 행할 수 있다. 이를 요약하자면 '지(知), 정(情), 의(意)'라고 부를 수 있다. 즉 알 수 있고, 느낄 수 있으며, 의지를 품어 행할 수 있다. 이를 하나씩 살펴보자.

첫째, 인간은 지적인 존재다. 아니, 더 정확히 말하자면 몸이 있는 존재 중 인간만 지적인 존재다. 이렇게 말할 때 늘 부딪히는 반론은 "우리 집에 있는 강아지도 지적인 존재 아닌가요?"라는 주장이다. 맞다. 강아지들도 고양이들도 어느 정도까지는 학습이 가능하고 어느 정도까지는 이해도 가능하다. 하지만 꼭 기억해야 할 사실은 하나님은 동물들에게 '생기'를 불어넣으신 적이 없다는 점이다. 동물들에게도 지성이 있는 것처럼 보이지만, 이 지성은 본능에 충실한 지성이므로 발전을 할 수 없는 지성이다.

예를 들어 보자. 약 2천 년 전에 살았던 강아지와 현재를 살고 있는 강아지는 지성적으로 같을까, 다를까? 2천 년 전 강아지나 지금 강아지나 둘 다 글을 읽을 수 없다. 2천 년 전 강아지나 지금 강아지나 둘 다 사자성어를 이해할 수 없다. 2천 년 전 강아지나 지금 강아지나 둘 다 영어의 'be 동사 용법'을 깨달을 수 없다. 이것이 바로 강아지에게 본능만 있다는 뜻이다. 본능은 '타고난 대로' 혹은 '본래 본질 대로' 행하는 것을 뜻한다. 동물들이 뭔가를 이해하는 것처럼 보이고, 뭔가를 깨달은 것처럼 보이며, 뭔가를 해석하는 것처럼 보이는 것은 하나님이 동물들에게 그런 본성을 본능적으로 주셨기 때문이다. 그러므로 동물들은 지적으로 발전하지 않는다. 아니, 못한다.

하지만 인간은 전혀 다르다. 인간은 진정으로 지적인 존재다. 똑같은 예를 들어 보자. 약 2천 년 전의 인간과 현재의 인간은 지적으로 아예 다르다. 2천 년 전의 인간은 인터넷에 대한 지식이 없다. 2천 년 전의 인간에게는 현대의 과학기술과 의학기술에 대한 지식이 전무하다. 2천 년 인간은 AI 지식을 모른다. 2천 년 전 인간의 손에 최신 스마트폰을 쥐어 주면 아마도 스마트폰을 망치 삼아 딱딱한 야자수 껍데기를 깨는 도구로 사용할 것이다. 하지만 인간은 지적인 존재이므로 계속 발전한다. 지적인 체계가 더 정교화되고 지성적인 도구를 훨씬 더 적극 활용하여 지식 혁명을 일으킨다.

사실 인간이 지적인 존재라는 의미를 단순히 현대 기술 등에 대한 지식의 발전을 인식하는 존재 정도로 이해해서는 안 된다. 인간이 지적인 존재라는 말의 궁극적인 신학적 의미는 인간만 영원하신 하나님을 지적으로 알 수 있는 능력이 있다는 뜻이며, 인간만 영원하신 하나님이 계시하신 계시를 인식하고 이해할 수 있고, 인간만 영원하신 하나님이 펼쳐나가시는 구속사와 구속의 섭리를 이해할 수 있다는 의미다.

하지만 문제는 있다. 인간의 지성이 죄로 인해 심각히 황폐화되어 너무나도 어지럽게 왜곡되어 버렸다는 점이다. 그러므로 지성의 회복이 필요하다. 골로새서 3장 10절이다.

> "새 사람을 입었으니 이는 자기를 창조하신 이의 형상을 따라 지식에까지 새롭게 하심을 입은 자니라"(골 3:10).

지성의 거듭남이 필요하다. 하나님의 형상을 따라 '지식에까지 새롭게 하심을 입는 일'이 반드시 필요하다. 지성의 거듭남은 "자기를 창조하신 이의 형상"을 따라가는 것밖에 없다. 이 책을 읽는 이유도 바로 여기에 있다. 말씀과 더불어 성령께서 조명하셔서 신학적 지식에까지 새롭게 하심을 입기 위함이다.

둘째, 인간은 감정적 존재다. 감정의 핵심은 '사랑'이다. 그러므로 인간이 감정적 존재라는 말의 참된 의미는 인간만 제대로 사랑할 수 있는 존재라는 뜻이다. 물론 충성스러운 진돗개 같은 경우에도 주인을 살리기 위해 자기 몸 바쳐 희생하는 참된 사랑을 보여 주기도 한다. 하지만 앞서 살펴보았듯이, 주인을 향한 진돗개의 사랑과 충성은 그렇게 하도록 본질적으로 만들어진 본능에 훨씬 더 가깝다. 2천 년 전 진돗개와 현재의 진돗개는 본능대로 계속 주인을 사랑할 것이다.

하지만 인간의 사랑은 다르다. 인간의 사랑은 다양하다. 인간의 사랑은 감정 기복도 있다. 변하기도 한다. 인간의 사랑은 남을 살리기도 하지만, 동시에 남을 죽이기도 한다. 인간의 사랑은 이처럼 변화무쌍하다.

게다가 인간은 영원한 것에 대해 사랑할 수 있는 능력을 가지고 있다. 영원한 것을 사랑하는 이유는 영원한 것이 일시적인 것과 비교해 얼마나 가치 있는 것인지를 깨닫고 그 영원을 깊이 사모할 수 있는 능력이 있기 때문이다. 인간은 영원한 것에 대해 감정을 품고 영원한 것을 깊이 사랑해 심지어 영원한 것을 위해 일시적인 것들을 다 버리는 선택까지도 할 수 있는 존재다. 그 어떤 동물도 영원한 것을 위해 자기 목숨을 버리지 않는다. 인간만이 영원한 것을 위해 자기 목숨을 버리기도 한다.

교회 역사를 한번 살펴보라. 얼마나 많은 신실한 신자들이 영원한 하나님 나라 복음을 위해 자기 목숨을 아끼지 않고 겸비하게 버렸는가? 영원한 하나님 나라 복음을 깊이 사랑하지 않는 한 자기 목숨을 버리기는 만무하다.

물론 죄 때문에 인간의 감정도 황폐화되었다. 그러므로 감정의 회복도 반드시 필요하다. 갈라디아서 5장 22-23절을 살펴보자.

"오직 성령의 열매는 사랑과 희락과 화평과 오래 참음과 자비와 양선과 충성과 온유와 절제니 이같은 것을 금지할 법이 없느니라"(갈 5:22-23).

이 본문에서 주목할 부분은 성령의 열매를 말할 때 첫 번째 열매를 '사랑'으로 둔다는 점이다. 사랑의 감정만 제대로 회복되면 희락과 화평과 오래 참음과 자비와 양선과 충성과 온유와 절제의 감정도 회복될 것이다. 하지만 만약 사랑이 없다면 희락과 화평과 오래 참음과 자비와 양선과 충성과 온유와 절제도 다 울리는 꽹과리에 불과해질 것이다(고전 13:1).

셋째, 인간은 의지적 존재다. 인간만 의지를 가지고 있다. 의지에 대해 다양하게 설명할 수 있겠지만 가장 효과적인 설명은 의지라는 능력을 '본능을 거스를 수 있는 능력'이라고 이해하는 것이다.

예를 들어 보자. 인간은 설교 시간에 졸리면 그래도 처음에는 설교자 앞에서 예의를 차리려고 잠에서 깨려 노력한다. 사탕도 먹어 보고 눈알도 요리조리 열심히 굴려 본다. 성경책도 한번 만져 보고 주

보 앞장, 뒷장도 괜히 살펴본다. 쏟아지는 눈꺼풀을 다시 올리기 위한 처절한 몸부림이다. 졸리는 것은 본능이다. 수면 욕구는 인간의 가장 기본 욕구다. 그러므로 조용한 설교 시간에 졸음이 오는 것은 인간으로서 당연한 현상이다. 하지만 인간만이 설교 중 자꾸 올라오는 이 졸음 욕구와 싸울 수 있는 유일한 존재다. 동물들은 설교 시간에 졸리면 그냥 잔다. 아주 푹 잔다. 설교 시간에 졸음과 피 흘리기까지 싸우는 동물이 있을까? 아마 없을 것이다. 그 이유는 동물은 본능을 거스를 수 있는 능력인 의지를 가지고 있지 않기 때문이다.

인간에게는 의지가 있다. 의지가 있다는 말은 곧 '자유'가 있다는 뜻이다. 동물은 설교 시간에 졸릴 때 졸지 않으려고 몸부림칠 수 있는 자유가 없다. 그냥 본능대로 잠을 자 버린다. 하지만 인간은 다르다. 인간은 설교 시간에 졸음과 싸워서 안 잘 수 있는 자유도 있고, 동시에 졸음과 싸우지 않고 자 버릴 수 있는 자유도 있다.

그러므로 신학에서는 의지를 말할 때 주로 '자유 선택 의지'(free choice of the will)라는 말을 사용한다. 의지는 반드시 자유가 전제되어야 하며 그 자유는 선택의 자유여야만 하기 때문이다. 인간은 무엇인가를 하는 선택을 위해 의지를 사용할 수도 있고, 하지 않는 선택을 위해서도 의지를 사용할 수 있는 자유를 가지고 있다.

그런데 인간의 문제는 이 자유 선택 의지를 잘못 사용한다는 점이다. 자유 선택 의지를 잘못 사용하는 것을 가리켜 '죄'라고 부른다.

"내가 오늘 네게 명령한 이 명령은 네게 어려운 것도 아니요 먼 것도 아니라"(신 30:11).

인간은 하나님이 명령하신 명령을 지킬 수 있는 의지도 있고, 반대로 지키지 않을 수 있는 의지도 있다. 왜냐하면 신명기 본문이 말하고 있는 것처럼, 하나님의 명령은 인간에게 멀리 있지 않고 바로 '내 자유 선택 의지 앞에' 놓여 있기 때문이다. 하지만 인간은 하나님의 명령을 지키지 않는 의지를 품어 결국 지키지 않는 선택을 해 버린다. 그것이 바로 죄다. 결국 의지박약이 곧 죄다.

이처럼 인간은 지 · 정 · 의의 기능이 살아 움직이는 전인적 존재다. 그렇다면 하나님은 왜 신적인 숨을 인간의 코에 불어넣어 지 · 정 · 의의 전인적 능력을 자기 형상인 인간에게 부여하셨을까? 바로 이러한 지 · 정 · 의의 전인적 능력을 적극적으로 사용해 하나님을 알고, 하나님을 사랑해 하나님을 향해 바른 의지를 품으라는 전인적 명령인 것이다. 이 전인적 능력을 하나님의 은혜 가운데 능동적으로 사용하다 보면, 우리 모두가 비로소 하나님의 숨이 살아 호흡하는 하나님의 형상다운 인간으로 재탄생될 수 있다.

■ 핵심 용어 정리 ■

**지**

인간이 가진 영혼의 기능 중 지적인 능력을 지칭할 때 사용하는 표현이다. 인간은 사고(思考)와 사유(思惟)의 능력을 가지고 있다. 그러므로 인간만 하나님을 사고하고 사유할 수 있다.

**정**

인간이 가진 영혼의 기능 중 감정적인 능력을 지칭할 때 사용하는 표현이다. 물론 동물도 감정이 있는 것처럼 보이지만 동물의 감정은 '본능적인' 감정이지 지적인 사고와 사유에 근거한 감정이 아니다. 특히 인간의 감정은 '영적으로' 감정할 수 있는 능력이 있으므로 하나님을 기뻐하고 하나님으로 희락을 누릴 수 있다.

**의**

인간이 가진 영혼의 기능 중 의지적인 능력을 지칭할 때 사용하는 표현이다. 인간만 '자유의지'를 가지고 있다. 자유의지란 인간이 가진 본능과 본성을 통제할 수 있는 자유가 의지적으로 존재한다는 뜻이다. 하지만 동물은 자신의 본능과 본성을 자유롭게 통제할 수 없다.

## 손에 손잡고 벽을 넘어서

1988년은 서울에서 올림픽이 개최되었던 역사적인 해다. 서울 올림픽을 경험했던 많은 사람은 아마도 〈손에 손잡고〉라는 올림픽 주제가를 다 기억할 것이다. 이탈리아 작곡가 조르조 모로더(Giorgio Moroder)가 작곡하고 혼성 그룹이었던 코리아나가 부른 역사적인 노래다. 이 곡의 가사 중에 이런 내용이 있다. "손에 손잡고 벽을 넘어서 서로서로 사랑하는 한마음 되자. 손잡고."

맞다. 올림픽 주제가 가사가 말하는 것처럼, 우리 모든 인간은 서로 손잡고 한마음이 되어야 한다. 그 이유는 왜일까? 분명한 신학적 이유가 있다. 우리 모든 인간은 그 본질상 존재론적으로 '하나'이기 때문이다. 이를 신학에서는 '인류의 통일성'이라고 부른다.

모든 인간이 인류의 통일성 아래 묶여 있는 이유는 모든 인간의 시작이 '아담'이기 때문이다. 즉 이전에 현존했든, 지금 현존하고 있든, 앞으로 장차 현존할 인간은 모두 다 최초의 한 사람, 아담의 후예다. 이것이 바로 성경이 증거하는 바다. 누가복음 3장 37-38절을 살펴보겠다.

"그 위는 므두셀라요 그 위는 에녹이요 그 위는 야렛이요 그 위는 마할랄렐이요 그 위는 가이난이요 그 위는 에노스요 그 위는 셋이요 그 위는 아담이요 그 위는 하나님이시니라"(눅 3:37-38).

이 말씀은 족보를 말하고 있는 본문인데 "그 위는" 누구이며 또 "그 위는" 누구이며 하는 식으로 계속 인류의 기원을 향해 거슬러 올라가는 부분이다. 인류의 기원을 계속 역추적하며 '가이난 위는 에노스요, 에노스 위는 셋이요, 셋 위는 아담이요, 아담 위는 하나님'이라고 말하고 있다. '아담 위는 하나님'이라는 말은 아담이 인류의 '시작'이라는 뜻이다. 이를 역으로 치환해 생각해 보면 모든 인류는 아담으로부터 나왔다는 논리적 결과가 도출된다. 즉 모든 인류는 최초의 인간인 아담 안에 존재론적 통일성을 가진 채 존재하고 있다.

아담 안에서 모든 인류는 통일성을 가진 채 존재하기 때문에 아담 안에서 모든 인류는 그에 합당한 '연대성'도 가진다. 사실 연대성이라는 개념은 뼈아픈 개념이다. 군대를 예로 들어 보자. 군대는 단체 생활을 한다. 때문에 한 개인이 잘못하면 한 분대가 다같이 기합을 받는다. 소위 말하는 '연대 기합'이다. 훈련병 때의 일이다. 내 옆에 있는 훈련병이 늘 실수를 했다. 자꾸 총기를 땅에 떨어뜨리고 제식 훈련 때 붙이면 안 되는 마지막 구호를 붙였다. 총기를 떨어뜨리고 구호를 붙인 잘못은 내 옆에 있는 훈련병이 했는데 나에게도 '연대 책임'을 지워 그 훈련병과 함께 기합을 받았던 기억이 있다.

인류의 통일성에 근거한 연대성도 이와 마찬가지다. 모든 인간은 최초의 인간인 아담과 통일성으로 묶여 있기 때문에 아담의 잘못이 곧 우리의 잘못이 되었다. 성경은 이 연대성에 관해 로마서 5장 12절에 다음과 같이 말한다.

"그러므로 한 사람으로 말미암아 죄가 세상에 들어오고 죄로 말미암아 사망이 들어왔나니 이와 같이 모든 사람이 죄를 지었으므로 사망이 모든 사람에게 이르렀느니라"(롬 5:12).

바울 사도는 "한 사람"으로 말미암아 죄가 세상에 들어왔다고 말한다. 이 한 사람은 바로 최초의 인간, 아담이다. 아담이 지은 죄가 우리의 죄가 되었고, 그 결과 "모든 사람이 죄를 지었으므로"라는 연대적 결과가 도출되었다. 왜 아담의 죄가 우리의 연대적 죄가 되었는가? 바로 인류의 통일성과 연대성 때문이다.

하지만 여기서 좌절하기에는 이르다. 억울해하기에도 이르다. 그 이유는 이 인류의 통일성과 연대성 내에서 우리는 비로소 구원받을 수 있기 때문이다. 로마서 5장 18절 말씀을 보자.

"그런즉 한 범죄로 많은 사람이 정죄에 이른 것 같이 한 의로운 행위로 말미암아 많은 사람이 의롭다 하심을 받아 생명에 이르렀느니라"(롬 5:18).

바울 사도는 "한 의로운 행위"를 통해 "많은 사람이 의롭다 하심을 받아 생명에 이르렀느니라"라고 말한다. 이 한 의로운 행위는 예수 그리스도의 속죄 사역이다. 우리를 구원하시려 예수 그리스도께서 직접 이 인류의 통일성과 연대성 내로 들어오셨다. 예수 그리스도께서 인간이 되어 그 안으로 침투해 들어오신 것이다. 왜 예수 그리스도의 속죄 사역으로 많은 사람이 의롭다 하심을 받게 되었을까? 예수 그리스도께서 인간을 구원하시려 인류의 통일성과 연대성 내로 들어오셔서 인간의 몸으로 속죄 사역을 감당하셨기 때문이다.

인류의 통일성 개념은 이처럼 신학의 중심축 중 하나다. 원죄 개념도 속죄 개념도 그 궁극적인 신학적 기반을 인류의 통일성과 연대성에 굳건히 두고 있다. 88서울 올림픽 주제가 가사처럼 아담 안에서 '손에 손잡고 죄를 짓고', 동시에 예수 그리스도 안에서 '손에 손잡고 속죄함'을 받는다. 그러므로 죄인의 신분으로서나 의인의 신분으로서 우리 모두는 하나다.

■ 핵심 용어 정리 ■

**인류의 통일성**
아담 이래로 모든 인류는 하나다. 인간이라는 종(種)으로 묶여 있다. 인류는 통일성으로 묶여 있기 때문에 같은 육체적 특질(눈, 코, 입, 두 다리, 두 팔 등), 같은 감정적 특질(희노애락 등), 같은 영적인 특질(함께 모여 공동체적으로 예배할 수 있음 등)을 가지고 있다.

**인류의 연대성**
인류의 통일성은 인류에게 연대성을 가져다주는데, 연대성의 신학적 결과 모든 인류는 함께 죄를 짓고 함께 죄를 사함 받는다.

**죄인과 의인**
인류의 통일성 및 연대성으로 인해 함께 아담의 죄를 짊어지게 되어 죄인이 되었고, 인류의 통일성 및 연대성으로 인해 함께 그리스도 안에서 속죄함을 받아 의인이 되었다.

## 죄인이라고 하지 마, 기분 나쁘니까

예전에 교회 새가족반에서 초신자들을 대상으로 오랫동안 신학을 강의했던 적이 있다. 일평생 교회를 단 한 번도 다니지 않았던 소위 찐 초신자가 교회에 나왔고 새가족반 강의까지 들으러 왔다. 그분께 복음이 무엇인지를 알려 주었다. 복음에 대해 말하기 위해서는 반드시 '죄' 문제를 건드려야만 한다. 죄 문제의 비참함을 깊이 깨달아야 죄의 비참함으로부터 구원받을 수 있는 '기쁜 소식'인 복음을 말할 수 있기 때문이다. 그런데 예상했던 대로였다. 그분은 대단히 기분 나빠하며, 본인을 죄인이라고 부르는 것에 대해 불쾌해했다. 그분은 다소 격앙된 목소리로 말했다. "목사님, 저는 죄를 지어 경찰서에 간 적도 없고, 교도소에 간 적도 없어요. 그런데 죄인이라니요!"

이 논의를 하기 앞서 '죄'가 도대체 무엇인지에 대해 정확히 알아야 한다. 사실 많은 사람은 죄를 '행위론적'으로만 접근한다. 절도를 하는 행위, 간음을 하는 행위, 살인을 하는 행위 등으로만 죄 문제에 접근한다. 아마도 새가족반에서 만난 그분도 죄를 행위론적으로 생각했을 것이다. 절도죄를 행위로 지은 적도 없고, 간음죄를 행위로 지은 적도 없으며, 살인죄를 행위로 지은 적도 없으므로 최소한 죄인은 아니라고 생각하는 것이다.

하지만 성경은 죄를 행위론적으로 접근하지 않는다. 오히려 성경은 죄를 '마음의 문제'라고 말한다. 마태복음 5장 28절 말씀을 보자.

"나는 너희에게 이르노니 음욕을 품고 여자를 보는 자마다 마음에 이미 간음하였느니라"(마 5:28).

죄라는 것은 간음의 행위를 하고, 하지 않고만의 문제가 아니다. 음욕을 품고 여자를 보는 자마다 "마음에" 이미 간음을 한 것이다. 간음죄는 행위의 문제가 아니다. 행위의 문제이기 전 마음의 문제다. 요한일서 3장 15절도 살펴보자.

"그 형제를 미워하는 자마다 살인하는 자니 살인하는 자마다 영생이 그 속에 거하지 아니하는 것을 너희가 아는 바라"(요일 3:15).

살인죄는 행위의 문제만이 아니다. 행위 이전에 만약 형제를 미워하는 마음만 있어도 이미 살인죄를 저지른 살인자다. 새가족반에서 만났던 그분도 '마음으로 짓는 죄'에 대해서 무한하게 자유로울 수만은 없을 것이다. 그 누구도 마음으로 짓는 죄에 대해서 한껏 자신감을 표할 사람은 없을 것이다.

왜 우리는 죄인인가? 왜 우리는 죄인이라는 말에 마냥 기분 나빠할 수 없는가? 그 이유는 다음과 같은 무시무시한 성경 구절 때문이다. 사무엘상 16장 7절 말씀이다.

"여호와께서 사무엘에게 이르시되 그의 용모와 키를 보지 말라 내가 이미 그를 버렸노라 내가 보는 것은 사람과 같지 아니하니 사람은 외모를 보거니와 나 여호와는 중심을 보느니라 하시더라"(삼상 16:7).

사람은 외모를 본다. 겉모습을 본다. 겉으로 드러나는 행위에 집중한다. 그래서 사람들은 겉모습에, 외모에, 외적으로 드러나는 행위에 속는다. 사람은 얼마든지 그런 척할 수 있기 때문이다. 사람은 거룩하지 않지만 거룩한 척할 수 있다. 사람은 깨끗하지 않지만 깨끗한 척할 수 있다. 목사답지 않지만 목사인 척 살 수 있다. 장로답지 않지만 장로인 척 살 수 있다. 사람은 '그런 척'하는 모습에 다 속는다. 인간은 외모에 다 속는다.

하지만 하나님은 절대로 속지 않으신다. 하나님은 아예 외모를 보지 않으시고, '그런 척'하는 모습 자체를 보지 않으신다. 너무나 무섭게도 하나님은 '중심'만 보신다. "중심"이라고 번역된 히브리어는 '레바브'(לֵבָב)인데 그 기본적인 뜻은 '마음'(heart), '전심'(the locus of a person's thoughts) 등이고 그 뜻을 확장하면 '속사람'(inner person)으로도 해석할 수 있다. 하나님은 겉사람은 보지 않으신다. 그분은 속사람만 보신다. 그러므로 속사람을 보시는 하나님 앞에 선 모든 인간은 다 죄인이다.

아담의 타락 이후 인간의 본성은 악하다. 야고보서 1장 15절이다.

"욕심이 잉태한즉 죄를 낳고 죄가 장성한즉 사망을 낳느니라"(약 1:15).

인간의 본성 안에는 '욕심'이 가득하다. 솔직하게 말해 보자. 만약 주변에 아무도 없는데 땅바닥에 5만 원짜리 지폐가 떨어져 있다면, 그 5만 원에 대해 욕심을 가지지 않을 인간이 과연 몇 명이나 있을까? 최소 돈이 무엇인지 아는 사람이라면 '본성적으로' 돈에 대해 욕심을 가질 수밖에 없다. 그것이 바로 인간의 본성이다.

인간의 본성 안에 욕심이 가득하기 때문에 이 욕심은 반드시 '죄'를 낳는다. 죄는 반드시 자란다. 처음 짓는 죄가 힘들지, 그다음 짓는 죄는 한결 더 편하다. 점점 죄가 장성한다. 자란다. 점점 더 강해진다. 그 결과 인간의 본성으로는 '사망'밖에 남는 것이 없다. "죄의 삯은 사망"이기 때문이다(롬 6:23).

'죄인'이라는 호칭은 마냥 한없이 기분 나빠해야 할 호칭이 아니다. 죄인이라는 호칭만큼 인간의 본성에 대한 정확한 이해가 서려 있는 호칭은 없다. 세상에 욕심이 없는 사람은 없다. 그러므로 세상 속에 죄가 더욱더 관영하게 되었고, 그 결과 남는 것은 '사망'뿐이다. 사람이 죽는 이유는 우리가 죄인이기 때문이다. 그러므로 죄인이란 호칭은 기분 나쁜 호칭이 아니다. 오히려 우리 인간에 대한 더할 나위 없이 정확한 호칭이다.

---

### ■ 핵심 용어 정리 ■

**죄에 대한 외적(행위론적) 접근**
'죄지음'을 '외적 행위'로 한정해 이해하는 접근법을 의미한다. 하지만 성경 전반은 죄를 행위론적 접근으로 이해하지 않는다. 살인죄를 행위로 저지르지 않아도 마음으로 남을 미워했다면 이미 살인죄를 지은 것이나 다름없기 때문이다(요일 3:15).

**죄에 대한 내적(마음으로의) 접근**
'죄지음'을 내적인 '마음의 문제'로 이해하는 접근법을 의미한다. 성경은 죄에 대해 내적인 접근을 즐겨한다. 간음을 행위로 하지 않아도 이성을 보고 음욕만 품어도 간음이기 때문에(마 5:28) 죄에 대한 내적인 접근이 보다 더 성경적인 접근이다.

**욕심**
죄의 근원적 본성을 묘사하는 단어로, 하와가 선악과를 먹는 최초의 죄를 지은 이유는 선악과를 먹으면 "눈이 밝아져 하나님과 같이"(창 3:5) 될 수 있다는 욕심을 품었기 때문이다.

## 죄를 지으면 벌을 받는 게
## 세상의 이치라고 하더라

〈해바라기〉라는 한국 영화가 있다. 배우 김래원 씨가 주연한 영화다. 이 영화에서 인상에 남는 대사가 하나 있다. "죄를 지으면 벌을 받는 게 세상의 이치라고 하더라"라는 대사다. 맞다. 죄를 지으면 벌을 받아야 한다. 사실 죄를 짓고 벌 받는 것은 세상의 이치일 뿐만 아니라 그보다 앞서 '성경의 이치'이기도 하다.

왜 죄를 지으면 벌을 받아야 할까? 그 이유는 죄는 공의로우신 하나님이 반드시 심판할 대상이기 때문이다. 사실 하나님은 죄를 만드신 적이 없다. 즉 죄는 '피조물'이 아니다. 만약 하나님이 죄를 만드셨다면 하나님은 거짓말쟁이시다. 창세기 1장 31절을 살펴보자.

"하나님이 지으신 그 모든 것을 보시니 보시기에 심히 좋았더라 저녁이 되고 아침이 되니 이는 여섯째 날이니라"(창 1:31).

하나님은 세상 만물을 다 창조하신 후 지으신 모든 것을 보면서 '심히 좋아하셨다.' 만약 하나님이 죄를 창조하셨다면 죄를 바라보며 심히 좋아하셨을리 만무하다. 그러므로 하나님은 죄를 창조하신 적이 없다. 즉 죄는 '존재가 아니다.' 그렇다면 무엇인가? 죄는 존재가 아니라 '상태'다. 요한일서 3장 4절을 살펴보자.

"죄를 짓는 자마다 불법을 행하나니 죄는 불법이라"(요일 3:4).

요한 사도가 잘 설명하고 있는 것처럼, 죄는 존재가 아니라 '짓는 상태'다. 죄는 '불법을 행하는 상태'다. 이 본문에서 "불법"이라고 번역된 헬라어 단어는 '아노미아'(ἀνομία)인데 그 뜻은 '법 없음'(lawlessness) 혹은 '불법적 행동'(a lawless deed)이다. 죄는 하나님의 법을 어기는 상태이며 불법적 행동을 하는 상태다. 그러므로 하나님은 이 불법의 상태를 행하는 자에게 벌을 내리시며 불법의 상태를 행하는 주체를 심판하신다. 이것이 바로 성경의 이치다. 로마서 2장 12절을 살펴보자.

"무릇 율법 없이 범죄한 자는 또한 율법 없이 망하고 무릇 율법이 있고 범죄한 자는 율법으로 말미암아 심판을 받으리라"(롬 2:12).

율법 없이 범죄한 자도 벌을 면할 수 없다. 그것이 성경의 이치다. 그 이유는 그 사람도 본성의 법이라고 하는 '양심의 법'을 가지고 있기 때문이다. 양심에 어긋난 행동을 한 사람은 율법 없이도 벌을 받는다. 율법이 있고 범죄한 사람은 당연히 율법으로 말미암아 심판받는다. 불법의 상태를 저지른 죄인이 벌을 받는 것은 성경의 당연한 이치다.

율법 밖에서 범죄한 자도 벌을 받아야 하고 율법 안에서 범죄한 자도 벌을 받아야 한다면 모든 인간은 다 본성적으로, 율법적으로, 마음적으로, 행위론적으로 불법을 저지른 죄인들이니 모든 인간 앞에 남아 있는 것은 결국 '심판'뿐이다.

꼭 기억해야 할 사실은 이 심판이 너무나도 무시무시하다는 점이다. 그 이유는 앞선 장에서 살펴본 것처럼 하나님은 '무한'하시기 때문이다. 하나님의 사랑이 무한한 것에 대해서는 우리에게 너무나도 큰 위로가 되지만, 심판을 향한 하나님의 진노까지 무한한 것에 대해서는 우리에게 너무나도 큰 두려움을 안겨 준다. 우리 모두는 다 벌을 받아야 마땅한 죄인들이기 때문에 우리 앞에 놓여 있는 것은 찔끔찔끔 우리를 따갑게 만들 정도의 심판이 아니라, 영원토록 사라지지 않을 '무한한 심판'이다. 이는 너무나도 무시무시한 이야기다. 하나님은 자기의 무한한 능력으로 최선을 다해 죄인을 심판하실 것이다.

이제 우리에게 필요한 것은 무엇인가? 이 영원하고도 무한한 심판에서부터 우리를 건져 줄 누군가이다. 바로 이 지점이 다음 장의 내용이 반드시, 그리고 시급하게 필요한 유일한 이유다. 즉 죄로부터 우리를 구원해 줄 '예수 그리스도'가 매우 시급하게 요청된다. 그러므로 인간론을 통과한 후 반드시 필요한 신학이 바로 '기독론'이다.

■ **핵심 용어 정리** ■

**불법**
죄지음의 본질에 대한 묘사이다. 죄지음의 상태는 하나님께서 세우신 법을 어기는 불법의 상태다. 이 불법의 상태가 왜 그렇게 끔찍한가 하면, 하나님의 법을 어기는 행위는 곧 하나님 자신을 무시하는 행위이기 때문이다.

**양심의 법**
본성의 법이라고도 불리는데 설사 하나님의 법을 알지 못한다 하더라도 본성 안에 존재하는 양심의 법이 작동하기 때문에 죄를 향한 하나님의 심판을 피해 갈 수는 없다. 그러므로 양심은 언제나 우리의 죄를 고발하고 고소한다.

**심판**
죄를 지은 자가 반드시 맞닥뜨려야 할 최후의 순간을 가리키는 묘사이다. 최후 심판은 반드시 있다(계 20:12). 최후 심판이 무시무시한 이유는 최후 심판을 하실 분이 무한하게 공의로워 무한하게 징계하실 심판주 하나님이기 때문이다.

한 장으로 정리하는 교리

**인간은 지·정·의의 전인적 능력을 가진 매우 특별한 존재이다.**
인간은 여타 다른 피조물들과 비교할 때 차원이 다른 압도적인 존재다. 그 이유는 인간은 '하나님의 숨'인 '생기'가 들어와 하나님과 영으로 교통할 수 있는 영혼을 갖게 된 '생령'이기 때문이다. 영혼을 가진 존재인 인간만 하나님을 '지적으로' 깨달을 수 있으며, 하나님과 '감정적으로' 교제할 수 있고, 하나님과 '의지적으로' 대화하고 소통하고 삶을 나눌 수 있다. 이런 전인적 능력이야말로 인간이 받은 가장 큰 은혜요 인간이 누리는 한없이 복된 영적 능력이다.

**인간은 지·정·의의 능력을 잘못 사용해 죄인이 되었다.**
최초의 사람들이 하나님 앞에서 돌이킬 수 없는 큰 실수를 저지르고 말았다. 하나님께서 인간에게 베풀어 주신 지·정·의의 전인적 능력을 제대로 사용하지 않고 오히려 잘못 사용해 버린 것이다. 지적으로, 감정적으로, 의지적으로, 즉 전인으로 선악과를 따먹는 죄악을 저질러 버렸다. 인류의 통일성과 연대성에 입각해 모든 인류는 원죄의 그림자에 빠져 버렸고 그 결과 모든 인류는 전적 타락한 존재로 전락하게 되었다.

**죄인에게 남은 것은 비참한 심판뿐이다.**
죄인은 형벌을 받아야 하며 죄인은 죽어야 마땅하다. 너무나도 무서운 사실은 죄인에게 형벌을 내리시는 심판주가 무한한 하나님이라는 사실이다. 그분은 심판을 얼렁뚱땅하실 분이 아니시다. 오히려 무한하신 하나님은 심판도 무한하게 하실 것이며 징계도 무한하게 하실 것이다. 죄인에게 남은 유일한 소망은 이 죄악을 온전히 탕감해 줄 구원자이다. 그러므로 인간론은 언제나 구원자를 향한 소망으로 우리를 이끈다. 바로 주 예수 그리스도시다.

■ 묵상 및 토론 질문 ■

1. 나는 지 · 정 · 의의 전인적 능력을 올바로 사용하고 있는 '인간다운 인간'인가?
2. 내가 에덴동산에서 선악과를 따먹은 것도 아닌데 그럼에도 불구하고 아담 안에서 '죄인'으로 인정받는다는 사실에 대해 어떻게 생각하는가? 이에 대해 어떻게 생각해야 성경적으로 옳을까?
3. 혹자는 '심판하시는 하나님'과 '사랑의 하나님'은 서로 모순되므로 최후 심판은 없다고 주장하기도 한다. 이에 대한 바른 성경적 가르침은 무엇일까?

**기독론**

4장 인간론은 비참함으로 마친다. 다 죄 때문이다. 4장으로 신학이 끝나면 비참하다. 소망이 없다. 하지만 5장은 그런 우리에게 참된 소망을 준다. 5장이 '기독론' 즉 예수 그리스도에 대해 다루는 장이기 때문이다. 5장 내용을 통해 예수 그리스도가 누구신지(존재론), 예수 그리스도께서 우리를 위해 무슨 일을 하셨는지(사역론)에 대해 포괄적으로 파악할 수 있게 될 것이다. 그리스도만이 소망이요 그리스도만이 생명이다.

5장

# 정말로 다행이다

"하나님의 아들 예수 그리스도의 복음의 시작이라"(막 1:1).

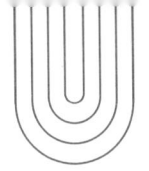

## 정말로 다행이다

죄인은 하나님의 무한한 심판을 받아야 한다. 감히 하나님의 법을 무참히 어겨 버렸으니 불법자의 말로는 비참하고 또 비참할 것이다. 그렇다면 이 비참함 속에서 그 어떤 소망도 찾을 수 없을까? 죄를 향한 하나님의 무한한 진노와 분노를 영원토록 무한하게 받는 것 외에는 그 어떤 구원의 길도 찾을 수 없는 것일까?

다행스럽게도, 너무나도 다행스럽게도 성경은 '피할 길'을 내준다. 성경은 하나님의 무한한 심판을 피할 길을 준다. 피할 길이 있다는 것은 참으로 '기쁜 소식'이다. 즉 '복음'(福音)이다. 마가복음 1장 1절을 살펴보자.

"하나님의 아들 예수 그리스도의 복음의 시작이라"(막 1:1).

하나님의 아들 예수 그리스도는 "복음"이다. '복음'이라는 번역의 헬라어 단어는 '유앙겔리온'(εὐαγγέλιον)인데 그 뜻은 '좋은 소식'(good news)이다. 왜 예수 그리스도는 복음, 즉 좋은 소식일까? 그 이유에 대해 요한복음 1장 4절은 다음과 같이 정확히 선포하고 있다.

"그 안에 생명이 있었으니 이 생명은 사람들의 빛이라"(요 1:4).

한번 상상해 보자. 죽을병에 걸린 사람이 있다. 이제 숨이 턱턱 막히고 몇 분 지나지 않아 곧 죽는다. 불치병에 걸려 일평생 밝은 빛 한 줌 제대로 보지 못하고 중환자실에 누워 사경을 헤맸던 사람이다. 늘 죽음의 그림자가 드리워져 있었고 늘 육체의 질병으로 신음해 왔다. 이런 사람에게 "생명"이 주어진다고 생각해 보자. 이 새 생명이 너무나도 압도적이라 평생 중환자실에 누워서 피부 전체가 고약한 욕창으로 고생했던 사람의 전인이 치유받고 그 누구보다 더 건강하게 새로운 삶을 살게 되었다. 이것이야말로 그 사람에게는 가장 기쁜 소식, 즉 복음이 아니고 무엇이겠는가? 예수 그리스도가 바로 '생명'이다. 예수 안에는 생명이 있다. 아니, 예수 안에만 생명이 있다.

이뿐만이 아니다. 또 다른 상상을 한번 해 보자. 칠흑같이 어두운 동굴 속에 갇혔다. 불빛이 아예 없어 박쥐들의 푸드덕거리는 소리만

음산하게 들리는 동굴 속에서 헤매고 있다. 작은 빛이라도 찾아보려고 연신 눈동자를 굴려보지만 그 어떤 희미한 불빛조차도 보이지 않는 암흑 가운데 빠져 있다. 온몸의 신경세포는 최선을 다해 작은 빛 한 줌이라도 찾기 위해 애쓸 것이다. 빛이 있어야 이 사망의 음침한 골짜기에서 나갈 수 있기 때문이다. 그때 드디어 '빛'이 보인다고 생각해 보자. 그 빛이 점점 더 밝아진다고 생각해 보자. 칠흑같이 어두운 동굴에서 만나는 빛은 소망 그 자체다. 이제 살았다. 빛을 만났으니 살았다.

예수 그리스도가 바로 이 '빛'이다. 예수 그리스도 안에는 생명과 빛이 존재한다. 생명과 빛을 만나는 사람에게는 드디어 소망이 싹튼다. 이 생명과 빛은 자포자기했던 인생들 가운데 새로운 삶과 새로운 시작을 선사한다. 너무나도 다행이다. 이런 맥락 속에서 디모데전서 1장 1절을 살펴보자.

"우리 구주 하나님과 우리의 소망이신 그리스도 예수의 명령을 따라 그리스도 예수의 사도 된 바울은"(딤전 1:1).

바울은 원래 예수를 핍박하던 자였다. 단순 가담자 정도가 아니라 적극적이고도 능동적인 핍박자였다. 예수 믿는 자들을 잡아 가두려고 다메섹으로 향해 가던 바울에게 "나는 네가 박해하는 나사렛 예수라"(행 22:8)라고 말씀하시며 예수께서 친히 찾아오셨다. 그때 바울은 '빛'을 경험했다. "하늘로부터 큰 빛이 둘러 비치는"(행 22:6) 놀라운 장면을 경험했다. 자신이 박해했던 나사렛 예수 그리스도를 만난 것이다.

바울은 빛이신 그리스도를 만나기 전에는 어두움 가운데 살았다. 빛이신 그리스도를 만나기 전 바울은 살아 있으나 죽은 자였다. 하지만 이제 그는 빛과 생명을 경험한 후 다시 살게 되었다. 그러므로 다시 살게 된 바울에게 예수 그리스도는 '소망'이었다. 예수 그리스도는 '우리의 소망'이시다. 예수가 계셔서 천만다행이다.

세상이 힘들다고 한다. 안타까운 사실은 날이 갈수록 세상은 더 힘들어질 것이라는 점이다. 앞으로 더 큰 전쟁이 날 것이고, 앞으로 더 큰 팬데믹이 온 세상을 강타할 것이다. 이전에 없었던 더 악독한 질병이 생길 것이며, 이전에 없었던 더 악독한 범죄가 온 세상 속에 가득하게 될 것이다. 그러므로 '사회학적 진화론'은 틀린 사상이다. 이 사회는 점점 더 바람직한 방향으로 진화하지 않을 것이다. 오히려 더 퇴화할 것이며, 더 망가질 것이며, 더 왜곡될 것이다. 세상은 '말세'로 향해 갈 것이다. 모든 인류가 "말세에 고통하는 때"(딤후 3:1)를 경험하게 될 것이다.

말세의 고통에 대해 논하는 이유는 비관주의에 빠지기 위함이 아니다. 패배주의에 빠지자는 말도 당연히 아니다. 오히려 말세의 고통이 커지면 커질수록 모든 인류가 간절히 찾을 그 하나의 온전한 소망이 더 찬란하게 빛을 발하게 될 것이다. 세상이 말세로 치달으면 치달을수록 '예수 그리스도'가 얼마나 우리에게 있어 큰 소망이요, 큰 위로며, 큰 평안인지를 깨닫게 될 것이다. 예수 그리스도가 계셔서 얼마나 다행인지 모른다. 참으로 다행이다.

■ 핵심 용어 정리 ■

**복음**
'기쁜 소리'라는 뜻이다. 곧 죽을 자에게 생명을 준다는 소식은 참으로 기쁜 소식이고, 어둠 가운데 있는 자에게 빛을 비춰 준다는 소식도 너무나 기쁜 소식이다. 어둠 가운데 죽어가는 자들에게 빛과 생명을 주시는 분이 바로 예수 그리스도시다. 그러므로 예수 그리스도가 곧 복음이다.

**빛**
혼돈, 공허, 흑암을 몰아내는 성경적 방식이다. 빛이 있기 전에는 "땅이 혼돈하고 공허하며 흑암이 깊음 위에"(창 1:2) 있었다. 하지만 "빛이 있으라"(창 1:3)라는 하나님의 명령 후에는 질서, 채워짐, 밝음이 생겼다. 예수 그리스도가 참된 빛이시다.

**생명**
'살아 있음'을 뜻한다. 성경에서는 생명을 단순히 물리적으로 살아 있음을 지칭하지 않는다. 물리적으로는 살아 있어도 영적으로는 죽어 있을 수 있다. 영적으로 다시 사는 길은 생명이신 예수 그리스도 안에 거하는 방법밖에 없다(딤후 1:1).

## 정말로 최악이다

　빛이요 생명이신 예수 그리스도가 우리와 함께 계셔서 우리에게는 너무나도 다행이다. 하지만 그리스도의 시각에서 바라봤을 때 그분이 우리와 함께 계시는 방식은 정말로 최악의 방식이었다. 왜냐하면 '참 하나님'이신 분이 우리와 함께하기 위해 '참 인간'이 되시는 방식이었기 때문이다. 참 하나님이 참 인간이 되시는 방식이 왜 최악인지에 대해 살펴보자.

　한번 상상해 보자. 이 책을 쓴 필자나 읽고 있는 당신이나 다 똑같은 인간이다. 그런데 인간인 우리가 갑자기 바퀴벌레가 된다면 어떨까? 벌써부터 기분이 나쁘지 않은가? 인간이 바퀴벌레가 된다는 것은 너무나도 큰 존재론적 비하(卑下)를 경험한다는 뜻이다. 바퀴벌레가 되면 이제 사람들의 눈치를 보면서 살아야 한다. 인간이 바퀴벌레가 된 우리를 발견한 순간 우리를 발로 밟아 죽일 것이며, 더러운 바퀴벌레라며 소스라치게 놀랄 것이며, 살충제를 손에 들고 우리를 향해 있는 힘껏 뿌릴 것이다.

바퀴벌레의 목숨은 이처럼 위태롭다. 바퀴벌레가 되면 언제 죽을지 모른다. 너무나 큰 제약과 한계 가운데 살아갈 수밖에 없다. 인간이었을 때는 지하철역까지 걸어서 15분이면 도착할 수 있었는데 바퀴벌레가 되는 순간 지하철역까지 엉금엉금 기어가야 하니 도대체 얼마나 걸릴지 상상조차 안 된다. 기어가다가 지나가는 오토바이에 밟혀 죽을 수도 있고, 하수구 구멍에 빠져 하수도 물에 익사당할 수도 있다.

이처럼 인간과 바퀴벌레 사이에는 엄청난 '질적인 차이'가 존재한다. 그런데 놀랍게도 인간이니 바퀴벌레니 둘 다 똑같은 '피조물'이라는 측면에서는 둘은 같은 종(種, kind)에 속해 있다. 인간이라는 종과 바퀴벌레라는 종 사이에 엄청난 질적 차이가 존재함에도 불구하고 말이다.

하물며 참 하나님이셨던 예수 그리스도께서 참 인간이 되신 것은 인간이 바퀴벌레가 되는 것과는 차원이 다른 비하였다. 하나님은 창조주시고 인간은 피조물이기 때문이다. 서로 아예 다른 영역에 속한 존재다. 하나님과 인간 사이에는 '무한한' 질적 차이가 존재한다. 단순히 인간과 바퀴벌레 사이에 존재하는 '유한한' 질적 차이 정도가 아니다. 무한한 질적 차이인 것이다.

하나님은 무한하시다. 하지만 인간은 유한하다. 하나님은 전능하시다. 하지만 인간은 연약하다. 하나님은 전지하시다. 하지만 인간의 지식은 한계가 있다. 그러므로 사실 하나님이 인간이 되신다는 것 자체는 너무나도 최악의 방식이고 너무나도 말도 안 되는 방식이다. 그러므로 이를 '비하'(self-deprecation)라고 부른다. 자기 스스로를 낮추시는 방식이다. 빌립보서 2장 6-8절을 겸비한 자세로 살펴보자.

"그는 근본 하나님의 본체시나 하나님과 동등됨을 취할 것으로 여기지 아니하시고 오히려 자기를 비워 종의 형체를 가지사 사람들과 같이 되셨고 사람의 모양으로 나타나사 자기를 낮추시고 죽기까지 복종하셨으니 곧 십자가에 죽으심이라"(빌 2:6-8).

원래 예수 그리스도는 "근본 하나님의 본체"셨다. 여기서 "본체"라고 번역된 헬라어 단어는 '모르페'(μορφή)인데 그 뜻은 '모양'(form), '모습'(outward appearance), '형체'(shape) 등이다. 그리스도는 성부 하나님과 근본적인 모양, 모습, 형체가 동일한 '참 하나님'이셨다. 그러나 근본 하나님의 본체이신 그리스도는 "오히려 자기를 비워 종의 형체"를 가지셔서 사람들과 같이 되셨다. 사람의 모양으로 나타나셔서 자기를 낮추시고 죽기까지 복종하셨다.

근본 하나님의 본체에서 종의 형체로 자기를 낮추신 사건이 곧 성육신(成肉身, incarnation) 사건이다. 성육신과 십자가 사건은 누가 봐도 말이 안 되는 사건이었다. 그래서 이를 가리켜 유대인들은 "거리끼는 것"이라 불렀고 이방인들은 "미련한 것"이라고 불렀다(고전 1:23).

참 하나님이 참 인간이 되시는 것은 누가 봐도 거리끼는 것이요, 미련한 것이며, 하나님으로서는 결코 선택해서는 안 될 최악의 선택으로 보이기도 한다. 하지만 성경은 이 선택이야말로 지혜 중 지혜라고 부르고 있다. 고린도전서 2장 6-8절이다.

"그러나 우리가 온전한 자들 중에서는 지혜를 말하노니 이는 이 세상의 지혜가 아니요 또 이 세상에서 없어질 통치자들의 지혜도 아니요 오직 은밀한 가운데 있는 하나님의 지혜를 말하는 것으로서 곧 감추어졌던 것인데 하나님이 우리의 영광을 위하여 만세 전에 미리 정하신 것이라 이 지혜는 이 세대의 통치자들이 한 사람도 알지 못하였나니 만일 알았더라면 영광의 주를 십자가에 못 박지 아니하였으리라"(고전 2:6-8).

하나님의 이런 선택은 결코 최악이 아니다. 참 하나님이 참 인간이 되시는 하나님의 선택은 이 세상의 지혜가 아니다. 이 세상에서 없어질 통치자들의 지혜도 아니다. 이 지혜는 오직 은밀한 가운데 있는 "하나님의 지혜"다. 이 지혜는 하나님이 우리의 영광을 위해 만세 전부터 미리 정하신 놀라운 지혜다.

이 지혜는 '은혜'라는 강물에 그 존재를 깊이 담그고 있다. 은혜라는 강물 위에 서 있을 때, 최악으로 보이는 방식이 최선의 방식으로 지혜롭게 뒤바뀐다. 은혜라는 강물 위에 서 있을 때, 한없이 낮아지는 비하가 비로소 한없이 높아지는 승귀로 거듭나게 된다. 은혜라는 강물 위에 서 있을 때, 죽음이 비로소 생명이 되며 약할 때 비로소 강함이 되고 십자가의 죽음이 비로소 부활의 감격으로 거듭난다. "그리스도가 이런 고난을 받고 자기의 영광에 들어가야 할 것이 아니냐"(눅 24:26)라는 말씀이 곧 그리스도의 지혜로운 삶 그 자체였다.

■ **핵심 용어 정리** ■

### 비하
'스스로 겸손하게 낮춤'이라는 뜻이다. 예수 그리스도의 비하는 단순한 자기 낮추심이 아니었다. 그리스도의 비하는 완벽한 '자기 부인'(막 8:34)이셨다. 참 하나님께서 자기를 비워 '종의 형체'가 되셨기 때문이다(빌 2:7).

### 질적 차이
무한한 참 하나님과 유한한 참 인간 사이에 존재하는 압도적인 차이를 지칭할 때 사용하는 표현이다. 예수 그리스도는 본래 참 하나님이셨는데 참 인간이 되셨다(요 1:14). 그러므로 예수 그리스도만이 무한과 유한 사이에 존재하는 압도적인 '질적 차이'를 친히 경험하신 유일한 존재이시다.

### 하나님의 본체
'하나님의 하나님이심'이라는 뜻이다. 하나님의 본체는 '하나님' 그 자체다. 하나님의 하나님이심이 곧 하나님의 본성, 본질, 본체 그 자체시다.

정말로 찜찜하다

예수 그리스도의 인격과 사역에 대해 다루는 학문인 기독론(基督論, Christology)을 공부하다 보면 많은 '신학적 찜찜함'을 경험하게 된다. 이 찜찜함의 근원은 어디일까? 바로 인간 이성의 '한계'에서 온다. 특히 그리스도의 인격에 대해 깊이 살펴보다 보면 반드시 인간 이성의 한계에 봉착할 수밖에 없다. 그 이유는 그리스도께서는 '참 하나님'이심과 동시에 '참 인간'이시기 때문에, 참 인간의 영역에 속해 있는 우리로서는 도무지 이해가 안 되는 부분이 너무나 많이 생기는 것이다.

물론 신학적 찜찜함에 무조건적으로 부정적인 어감만 있는 것은 아니다. 오히려 그 찜찜함을 겸비하게 인정하는 것이 바르게 신학을 전개하는 지름길일 줄 믿는다. 신학을 하다 보면 어느 순간부터는 논리적으로, 합리적으로, 이성적으로 도무지 납득이 안 가는 부분이 드러나기 시작한다. 그 순간 인간은 본능적으로 뇌리에 서려 있는 찝찝함을 제거하기 위해 논리적으로 판단하려 시도한다. 하지만 신학을 깊이 하면 할수록 논리적인 판단이 작동할 수 있는 범주와 범위를 훌쩍 뛰어넘는 논의가 너무나도 많기 때문에 결국 논리적 찝찝함이 깔끔히 해소되지 않고 남아 있게 된다. 모든 것이 전부 다 선명하고 투명하게 완벽한 수준까지 이해될 수 없기 때문이다.

이때 모든 것을 논리적으로 이해하려고 부단히 애쓰기보다는 오히려 신학의 궁극적 본질인 '신비'의 영역 안에 겸비하게 놔둘 필요도 존재한다. 신학함의 가장 기본적인 태도와 자세는 신비의 영역에 존재하시는 하나님을 믿음의 눈으로 조망하는 것이기 때문이다.

예를 들어 신비의 영역 속에 위치한 대표적인 주제가 바로 예수 그리스도의 양성 교리다. '양성'(兩性)이란 그리스도께서는 삼위일체의 또 다른 위격이신 성부와 성령과 다르게 '두 가지의 본질적 성품'이 있다는 의미다. 즉 성부 하나님과 성령 하나님은 신성(神性, 하나님이심)만 가지고 계시지만, 성자 하나님은 신성과 더불어 인성(人性, 인간임)도 소유하고 계신다. 그러므로 성자 그리스도만 신인(神人) 양성(兩性)을 가지고 계시는 분이다.

양성의 동시다발적 공존(共存)은 논리적으로 부딪힌다. 그 이유는 하나님의 무한성과 인간의 유한성이 논리적으로는 함께 존재할 수 없기 때문이다. 무한하면 무한하고 유한하면 유한한 것이지, 무한하지만 동시에 유한하고 유한하지만 동시에 무한한 건 논리적으로 불가능에 가깝지 않은가? 하지만 예수 그리스도는 참 신성과 참 인성을 동시에 소유하셨던 분이다. 성경이 그것을 정확히 증거하고 있다. 먼저 그리스도의 참된 신성을 살펴보자. 여러 말도 필요 없다. 다음 한 구절만으로도 충분하다.

"나와 아버지는 하나이니라 하신대"(요 10:30).

이 본문에서 "나"는 예수 그리스도를 지칭한다. "아버지"는 성부 하나님이시다. 예수 그리스도께서 본인과 성부 하나님은 "하나"라고 명시하셨다. '하나'라는 말은 성부 하나님과 성자 하나님이 동일한 본질과 동일한 본체를 가진 참 하나님이시라는 뜻이다. 성부와 성자가 하나이시기 때문에 성부가 가진 모든 신적 속성들을 성자도 동일하게 가지고 계신다. 이를 '동일 본질인'(ὁμοούσιος)이라고 한다. 그러므로 성자 그리스도는 성부 하나님과 동일 본질이신 '참 하나님'이시다.

성자 그리스도는 참 하나님이심과 동시에 '참 인간'이기도 하시다. 디모데전서 2장 5절 말씀을 살펴보자.

"하나님은 한 분이시요 또 하나님과 사람 사이에 중보자도 한 분이시니 곧 사람이신 그리스도 예수라"(딤전 2:5).

바울 사도는 이 본문에서 예수 그리스도를 "사람"으로 칭한다. '사람'이라고 번역된 헬라어 단어는 '안스로포스'(ἄνθρωπος)인데 성경 전반에 걸쳐 이 단어는 일반적인 '인간'(a human being 혹은 a person)이라는 의미로 사용되었다. 예수 그리스도는 우리와 뭔가 다른 초인(超人)이셨다기보다 우리와 똑같은 일반적인 인간으로 이 땅에 내려오셨다. 예수께서는 우리와는 뭔가 다른 종교적 · 윤리적 · 도덕적 초인들만 구원하기 위해 이 땅에 오신 것이 아니라, 우리와 똑같은 일반적인 죄인들을 구원하기 위해 이 땅에 오셨다. 그러므로 일반적인 인간이셨던 예수 그리스도는 이 땅에서 배고프셨고 목마르셨으며 피곤해하셨고 잠도 주무시고 희로애락도 느끼셨던 참 인간이었다.

문제는 여기서 벌어진다. 과연 어떻게 '참 하나님'과 '참 인간'이 동시에 존재할 수 있는가와 관련된 문제다. 이 문제는 너무나도 큰 논리적 찝찝함을 남기기 때문에 교회 역사 속에서 이 의문을 해결해 보려는 수많은 시도가 있어 왔다. 더 큰 문제는 이런 시도들로 인해 문제가 깔끔하게 해결되기보다는 오히려 더 많은 오해와 오류가 양산되고 말았다는 점이다.

예수 그리스도의 신성과 인성이 각각의 성품 그대로 공존하는 것을 말하기 위해 어떤 사람들은 신성과 인성을 분리시켰다. 이를 '네스토리우스주의'(Nestorianism)라고 부른다. 네스토리우스주의는 이단이다. 그 이유는 그리스도의 성품을 신성과 인성으로 각각 분리시킨 결과 결국 그리스도를 '두 개의 그리스도'(two Christs)로 만들어 버렸기 때문이다. 이와 반대로 그리스도의 신성과 인성을 혼합·합성시킨 사람들도 있었다. 이를 '유티케스주의'(Eutychianism)라고 부른다. 이것 역시 이단인데, 그리스도의 신성과 인성을 혼합시켜 결국 신성과 인성이 서로 결합·합성된 변질된 성품을 만들어 냈기 때문이다.

예수 그리스도의 신성과 인성은 서로 분리되어서도 안 되고 서로 혼합되어서도 안 된다. 오히려 그리스도의 양성은 신성은 신성 그대로, 인성은 인성 그대로 각각 그분의 위격으로만 연합해야 한다. 이를 '양성의 위격적 연합 교리'라고 부른다. 대단히 중요한 교리다. 이 교리를 통해 그리스도의 신성과 인성은 그 모습 그대로 그리스도의 인격 안에 분리 및 혼합 없이 공존한다는 사실이 설명되기 때문이다.

물론 양성의 위격적 연합 교리는 '신비'에 가까운 교리다. 인간의 이성으로는 온전히 이해할 수 없는 교리다. 하지만 이 교리가 단순히 찝찝함으로만 남지 않는 이유는 이 교리를 통해 예수 그리스도가 인간적인 수준 정도에 머물러 계시는 분이 아니라, 오히려 인간의 수준을 압도적으로 초월하시는 참 하나님이요 동시에 참 인간이라는 사실이 역으로 드러나기 때문이다. 그러므로 신비의 영역에 속한 예수 그리스도는 경배의 대상이요 예배의 대상이시다. 너무나도 탁월한 존재이시다. 이 신비함을 경험한 자는 빌립보서 2장 9-11절 말씀을 그대로 순종하는 삶을 살게 된다.

"이러므로 하나님이 그를 지극히 높여 모든 이름 위에 뛰어난 이름을 주사 하늘에 있는 자들과 땅에 있는 자들과 땅 아래에 있는 자들로 모든 무릎을 예수의 이름에 꿇게 하시고 모든 입으로 예수 그리스도를 주라 시인하여 하나님 아버지께 영광을 돌리게 하셨느니라"(빌 2:9-11).

참 하나님과 참 인간이신 예수 그리스도의 탁월함과 영광스러움 때문에 모두 다 그의 "무릎을 예수의 이름에 꿇게" 될 것이며 모든 입으로 예수 그리스도를 "주"라 시인하여 그분께 경배와 찬양과 예배를 올려드리게 될 것이다. 논리적인 찜찜함은 신비에 대한 인정과 신적인 존재 앞에서의 경외로 온전히 거듭나게 될 것이다. 아멘.

■ **핵심 용어 정리** ■

**기독론**
'그리스도에 대한 학문'이라는 뜻이다. 기독론의 핵심 탐구 영역은 그리스도의 존재(위격론)와 그리스도의 사역(사역론)으로 구성된다.

**그리스도의 양성**
삼위일체 하나님의 제2위격이신 예수 그리스도만이 가지고 계신 '신성'(참 하나님이심)과 '인성'(참 인간이심)을 통합해서 묘사하는 표현이다. 그리스도는 신성과 인성이라는 양성을 가지고 계시기 때문에 유일한 중보자의 역할을 감당하실 수 있다.

**양성의 위격적 연합**
그리스도의 신성과 인성이 서로 직접적으로 교류하는 것이 아니라 그리스도의 위격이 양성과 연합한다는 의미의 표현이다. 신성과 인성이 서로 분리되면 네스토리우스주의 이단이 되고, 서로 섞이면 유티케스주의 이단이 되므로 조심해야 한다.

정말로 압도적이다

예수 그리스도께서는 왜 참 신성과 참 인성을 위격적 연합의 상태로 동시에 소유하고 계신 것일까? 그 이유는 성부 하나님과 우리 사이에서 '중보자'(仲保者, the Mediator)가 되시기 위함이다. 물론 중보자는 예수 그리스도의 성육신 이전에도 존재했다. 구약의 제사장들이 바로 이런 중보의 역할을 감당한 사람들이었다. 구약 제사장들은 짐승 제사를 통해 성부 하나님과 죄인 사이를 화목시켜 주는 역할을 했다. 하지만 구약의 제사장들은 본성적인 한계를 가지고 있었다. 그들 자신도 속죄가 필요한 죄인들이었으며, 얼마든지 율법을 어길 수 있는 가능성이 충만한 연약한 존재들이었고, 죄를 짓는 양만큼 더 많은 짐승이 반복적으로 죽어 나가야만 하는 불완전한 제사를 무한 반복할 수밖에 없는 존재들이었기 때문이다.

그러나 예수 그리스도께서는 이런 구약 제사장들과 비교해 타의 추종을 불허하는 '압도적인 중보자'셨다. 예수께서 얼마나 압도적인 중보자신지 히브리서 9장 11-12절은 다음과 같이 정확히 증거하고 있다.

"그리스도께서는 장래 좋은 일의 대제사장으로 오사 손으로 짓지 아니한 것 곧 이 창조에 속하지 아니한 더 크고 온전한 장막으로 말미암아 염소와 송아지의 피로 하지 아니하고 오직 자기의 피로 영원한 속죄를 이루사 단번에 성소에 들어가셨느니라"(히 9:11-12).

예수 그리스도가 압도적인 중보자이신 이유는 더 이상 "염소와 송아지의 피"로 하지 않고 오히려 본인의 피를 쏟아 완벽한 속죄 제사를 드리셨기 때문이며, 죄를 지을 때마다 속죄 제사를 반복적으로 드릴 필요 없이 "자기의 피로 영원한 속죄"를 영원토록 "단번에" 드리셨기 때문이다. 참 하나님이심과 동시에 참 인간이셨던 예수 그리스도께서는 참 신성으로는 하나님 쪽에 한 발을 내디뎌 놓고, 참 인성으로는 인간 쪽에 또 다른 발을 내디뎌 놓은 채로 하나님과 인간 사이를 압도적인 중보자의 역할로 이어 주셨다. 압도적인 중보자 안에서는 더 이상 반복적인 짐승 제사가 필요 없게 되었다. 예수 그리스도의 압도적인 중보 사역으로 말미암아 하나님과 인간 사이의 화목

제사가 온전하게 성취되었다.

압도적인 중보자 예수 그리스도께서는 세 가지 직분을 온전히 감당하셨는데 선지자, 제사장, 왕의 직분이 바로 그것들이다. 성자 하나님을 구약적 맥락에서는 '메시아'(מָשִׁיחַ)라고 부르고 신약적 맥락에서는 '그리스도'(Χριστός)라고 부르는데 그 뜻은 '기름 부음을 받은 자'다. 메시아 예수 그리스도께서는 선지자, 제사장, 왕의 직분으로 기름 부음을 받은 직분자이시다. 예수 그리스도께서는 이 세 가지 직분을 압도적으로 감당해 우리에게 온전한 구원자가 되셨다. 하나씩 살펴보자.

첫째, 압도적인 중보자 예수 그리스도께서는 압도적인 선지자셨다. 압도적인 선지자는 선지자적인 행위를 압도적으로 행하신다. 요한복음 6장 14절을 보자.

"그 사람들이 예수께서 행하신 이 표적을 보고 말하되 이는 참으로 세상에 오실 그 선지자라 하더라"(요 6:14).

예수 그리스도께서는 살아생전 선지자적인 표적을 압도적으로 행하셨다. 이런 표적들을 바라봤던 사람들은 예수를 가리켜 "참으로 세상에 오실 그 선지자"라고 불렀다. '그 선지자'라는 번역의 헬라어는 '호 프로페테스'(ὁ προφήτης)인데 그 의미에는 많은 선지자 중 하나가 아니라 정관사(ὁ)를 사용해 '바로 그 유일한 선지자'라는 의미가 한 가득 서려 있다. 바로 그 선지자는 구약 시대 때부터 예언되어 왔던 '바로 그 메시아'를 의미한다. 구약성경에는 많은 선지자가 등장하지만 본성상 다 연약한 인간들이었기 때문에 완전한 선지자라고 볼 수 없었다. 구약의 선지자들은 '참으로 세상에 오실 바로 그 선지자'인 예수 그리스도를 예표하는 그림자들이었고, '바로 그 선지자', 즉 예수 그리스도가 참되고 압도적인 선지자의 '실체'셨다.

둘째, 압도적인 중보자 예수 그리스도께서는 압도적인 제사장이셨다. 히브리서 4장 14-16절 말씀을 살펴보자.

"그러므로 우리에게 큰 대제사장이 계시니 승천하신 이 곧 하나님의 아들 예수시라 우리가 믿는 도리를 굳게 잡을지어다 우리에게 있는 대제사장은 우리의 연약함을 동정하지 못하실 이가 아니요 모든 일에 우리와 똑같이 시험을 받으신 이로되 죄는 없으시니라 그러므로 우리는 긍휼하심을 받고 때를 따라 돕는 은혜를 얻기 위하여 은혜의 보좌 앞에 담대히 나아갈 것이니라"(히 4:14-16).

예수 그리스도는 큰 대제사장이시며(14절), 우리의 연약함을 동정하시는 대제사장이시고(15절), 우리와 똑같이 시험을 받으셨으나 죄는 없으신 대제사장이실 뿐 아니라(15절), 우리를 은혜의 보좌 앞에 담대히 나아가게 만들어 주시는 대제사장이기도 하시다(16절). 한마디로 표현하자면, 예수 그리스도께서는 압도적인 대제사장이시다.

이 히브리서 본문에서 좀 더 주목하고 싶은 표현은 바로 "우리의 연약함을 동정하지 못하실 이가 아니요"라는 표현이다. '동정하다'라는 번역의 헬라어 단어는 '쉼파테오'(συμπαθέω)라는 단어인데 '함께 경험하다' 혹은 '함께 겪다'는 의미를 가지고 있다. 압도적인 대제사장이신 예수 그리스도께서도 죄인이 되어 십자가에 달려 돌아가셨기 때문에 우리 죄인들의 연약함을 함께 겪으셨고 함께 경험하셨다. 동일한 아픔을 겪은 상담사가 훨씬 더 살갑게 피부에 와닿는 상담을 해주는 것처럼, 죄인의 연약함을 똑같이 겪어 보셨던 대제사장 예수 그리스도께서도 우리의 연약함에 대해 훨씬 더 잘 체휼하셔서 우리의 죄를 보다 더 압도적으로 속죄하실 수 있었다.

셋째, 압도적인 중보자 예수 그리스도께서는 압도적인 왕이셨다. 이사야 선지자는 이사야 9장 6-7절에서 그리스도의 왕직에 대해 다음과 같이 장엄하게 예언했다.

> "이는 한 아기가 우리에게 났고 한 아들을 우리에게 주신 바 되었는데 그의 어깨에는 정사를 메었고 그의 이름은 기묘자라, 모사라, 전능하신 하나님이라, 영존하시는 아버지라, 평강의 왕이라 할 것임이라 그 정사와 평강의 더함이 무궁하며 또 다윗의 왕좌와 그의 나라에 군림하여 그 나라를 굳게 세우고 지금 이후로 영원히 정의와 공의로 그것을 보존하실 것이라 만군의 여호와의 열심이 이를 이루시리라"(사 9:6-7).

이사야 선지자는 예수 그리스도를 가리켜 "평강의 왕"이라 칭한다. 평강의 왕이신 예수 그리스도께서는 "정사의 평강의 더함이 무궁"할 뿐 아니라, "다윗의 왕좌"를 장차 굳게 세우실 것이며, 영원히 "정의와 공의"로 세상을 다스리실 것이다. 왕의 귀환이다! 그리스도의 초림은 죽으러 오셨고 낮아지기 위해 오셨지만, 그리스도의 재림은 심판주가 되어 온 세상을 심판하시고 정의와 공의로 온 만물을 통치하는 주권자로 높임 받기 위해 오실 것이다. 열심히 하실 하등의 이유도 없는 전능하신 만군의 여호와께서 심지어 "열심으로" 그리스도의 왕직을 위해 일하실 것이다.

예수 그리스도야말로 만왕의 왕이요, 만 주의 주요, 그 어떤 왕도 감히 범접할 수 없는 압도적인 왕으로 온 세상을 통치하실 것이다. 이런 왕적인 예언은 이미 성취되었고 그리스도의 재림 이후 온전히 완성될 것이다.

예수 그리스도만이 압도적인 소망이시다. 그 이유는 예수 그리스도께서는 압도적인 선지자직, 압도적인 제사장직, 압도적인 왕직을 소유한 압도적인 중보자로 하나님과 우리 사이를 압도적으로 이어주시는 분이기 때문이다. 예수 안에서만 압도적인 소망을 발견할 수 있으며, 예수 밖에서는 압도적인 절망만 발견할 수 있다. 과연 어느 쪽에 설 텐가?

■ 핵심 용어 정리 ■

**중보자**
예수 그리스도의 존재와 사역 및 역할을 총칭하는 묘사이다. 죄인은 하나님께 직접적으로 나아갈 수 없으므로 죄인과 하나님 사이를 이어 줄 '중보자'가 필요하다. 유일한 중보자는 신인 양성을 동시에 가지고 계신 예수 그리스도뿐이다.

**그리스도**
'기름 부음을 받은 존재'라는 뜻이다. 구약에서는 이를 '메시아'라고 불렀다. 그리스도와 메시아는 같은 의미에 대한 다른 언어적 표현이다.

**삼중직**
그리스도가 가진 직분을 묘사하는 표현이다. 그리스도는 왕, 선지자, 제사장의 세 가지 직분을 가지신 채 자신의 사역을 온전히 감당하셨다. 그리스도는 만유의 주이시며, 탁월한 선지자이실 뿐만 아니라, 완전한 대제사장으로서 속죄 사역을 온전히 이루셨다.

## 정말로 은혜다

『승정원일기』(承政院日記)는 조선시대 때 왕의 명령을 관장하던 승정원에서 매일매일 취급하던 문서와 사건을 기록한 일기다. 『승정원일기』 내용 중 소위 '매품팔이'에 대한 기록이 존재한다. 매품팔이는 돈을 받고 대신 곤장과 매를 맞는 직업을 뜻한다. 매품팔이들은 하루에 7냥 정도를 받고 곤장을 대신 맞아 주었다고 하는데, 지나치게 매를 맞아 심지어는 죽는 경우도 있었다고 전해진다.

매품팔이의 예를 통해 보건대, 사실 다른 사람 '대신에' 벌을 받는 일은 인류 역사 속에서 아주 생소한 일은 아니다. 그런데 매품팔이는 과연 누구를 대신해 매를 맞는 것일까? 자기보다 사회적 계급이 높은 사람을 대신해서 곤장을 맞았다. 즉 매품팔이는 기본적으로 사회적 계급이 지극히 낮았다. 사회적 계급이 낮은 사람이 높은 사람을 위해 대신 벌을 받는 것이다.

하지만 예수 그리스도는 정반대다. 사실 예수 그리스도도 죄인 '대신에' 벌을 받으러 이 땅에 내려오셨다. 하지만 그리스도는 매품팔이의 일반적인 논리와는 정반대의 상황 가운데서 벌을 받으셨다. 예수 그리스도는 '참 하나님'이시다. 참 하나님이시라는 뜻은 그리스도는 창조주라는 뜻이요, 무한주라는 뜻이며, 초월주라는 뜻이다. 창조주가 피조물을 대신해 매품팔이를 한다는 것은 정말로 일반적인 논리로는 도무지 이해할 수 없는 논리다. 창조주가 피조물을 대신해 벌을 받고 죽으셨다. 무한자가 유한자를 대신해 벌을 받고 죽으셨다. 이를 가리켜 '은혜'라고 부른다. 그리스도의 속죄 사역은 정말로 압도적인 은혜다.

그리스도의 속죄 사역을 힌마디로 요약하면 '형벌 대속'(刑罰 代贖, penal substitution)이다. 그리스도께서 죄인 대신에 형벌을 받아 죄인의 죄를 속하셨다는 뜻이다. 형벌 대속이라는 표현에서 '형벌'은 영어로 'penal'이라는 단어로 표현되는데, 축구를 좋아하는 사람이라면 많이 듣고 사용했을 것이다. '처벌의', '형벌의', '벌칙의', '불이익의' 등의 의미로, 여기에서 '페널티킥'(penalty kick)이 나온다. 골대 바로 앞에서 수비수가 공격수의 다리를 직접적으로 터치해 태클하면 심판이 불현듯 나타나 호루라기를 힘 있게 불면서 손가락으로 땅을 가리킨다. 페널티킥 선언이다. 파울을 범한 팀에게 처벌을 내려 불이익을 주는 것이다. 예수 그리스도께서 우리 대신에 페널티킥 선언을 받으셨다. 원래는 우리가 잘못을 범했다. 우리가 골문 앞에서 위험한 태클을 했다. 하지만 예수께서 우리 대신에 형벌을 받으셨다.

형벌 대속에서 '대속'은 'substitution'이라는 영어 단어로 묘사되는데 이 단어 역시 축구를 좋아하는 분들은 많이 접했을 단어다. 이 단어의 기본적인 뜻은 '(다른 누구·무엇을) 대신하는 사람(것)'인데 축구에서는 '교체 선수'를 주로 지칭한다. 예수 그리스도가 바로 우리 대신에 형벌을 받으신 교체 선수다. 그 어떤 인간도 죄를 향한 하나님의 무한한 진노와 분노를 감당할 수 없기 때문에 참 하나님이신 예수 그리스도께서 죄인 대신 교체 선수가 되셔서 우리를 대신해 형벌을 받으신 것이다. 이야말로 은혜가 아니고 무엇이란 말인가?

성경은 형벌 대속에 대한 이야기를 참으로 많이 한다. 즉 성경은 은혜에 대한 말을 많이 한다. 대표적으로 이사야 53장 3-5절이다.

"그는 멸시를 받아 사람들에게 버림 받았으며 간고를 많이 겪었으며 질고를 아는 자라 마치 사람들이 그에게서 얼굴을 가리는 것 같이 멸시를 당하였고 우리도 그를 귀히 여기지 아니하였도다 그는 실로 우리의 질고를 지고 우리의 슬픔을 당하였거늘 우리는 생각하기를 그는 징벌을 받아 하나님께 맞으며 고난을 당한다 하였노라 그가 찔림은 우리의 허물 때문이요 그가 상함은 우리의 죄악 때문이라 그가 징계를 받음으로 우리는 평화를 누리고 그가 채찍에 맞음으로 우리는 나음을 받았도다"(사 53:3-5).

이 이사야 본문은 놀라운 말씀인데, 왜냐하면 예수께서 성육신하시기 약 700년 전에 그리스도께서 이 땅에 내려오시는 이유에 대해 구체적으로 적시하고 있기 때문이다. 이 본문을 한마디로 요약하면 '형벌 대속'이다. 예수께서 이 땅에 내려오셨던 이유는 우리 대신에 "멸시"를 받기 위함이고, 우리 대신에 "버림"을 받기 위함이며 우리 대신에 "간고"와 "질고"를 겪으시기 위함이었다. 예수께서 찔리신 이유는 "우리의 허물 때문"이었고, 예수께서 상하신 이유는 "우리의 죄악 때문"이었다. 예수께서 대신 징계를 받음으로 "우리는 평화"를 누리게 되었고, 예수께서 대신 채찍에 맞음으로 "우리는 나음"을 받게 되었다. 창조주가 피조물을 위해 징계를 받으셨고 창조주가 피조물을 위해 채찍에 맞으셨다. 이보다 더 큰 은혜가 어디에 있는가?

예수 그리스도께서 베풀어 주신 형벌 대속의 은혜를 경험한 자라면 어떻게 살아야 할까? 로마서 8장 17절 말씀이 답이다.

"자녀이면 또한 상속자 곧 하나님의 상속자요 그리스도와 함께한 상속자니 우리가 그와 함께 영광을 받기 위하여 고난도 함께 받아야 할 것이니라"(롬 8:17).

그리스도께서 우리를 대신해 형벌 대속을 받으신 것은 우리를 '하나님의 자녀'로 만들어 주시기 위함이었다. 하나님의 자녀가 된 것도 은혜인데, 하나님의 자녀는 하나님의 모든 소유를 물려받는 "상속자"가 되는 은혜까지 누린다. 은혜 위에 은혜다. 이렇게 압도적인 은혜를 받은 우리는 이제 어떻게 살아야 할까? 그리스도와 "고난도 함께 받아야 할 것"이다.

예수를 제대로 믿으면 반드시 '고난'이 찾아온다. 그 이유는 세상이 예수를 싫어하기 때문이다. 예수를 싫어하는 세상 속에서 예수를 신실하게 믿는 일은 참으로 어려운 것이다. 고난이다. 죄로 가득 찬 이 세상 속에서 죄와 싸우는 삶을 산다는 것도 참으로 고난이다. 세상의 모든 사람이 A포인트로 우르르 향해 갈 때 말씀의 빛 안에서 B포인트로 역행해 올라간다는 것도 너무나도 큰 역경이다. 그러므로 예수 그리스도 안에서는 영적인 '연어'의 삶을 살 수밖에 없다. 연어처럼 물길을 거슬러 올라가야 한다. 거센 물길을 온몸으로 맞으면서 거슬러 올라가야 한다. 고난이다. 고통이다. 바로 이 고난과 고통을 예수 그리스도께서 몸소 감당하셨다. 그러므로 예수 안에서 우리도 함께 이 고난과 고통에 참여해야 한다.

그 결과는 어떨까? 로마서 8장 17절 하반절에서 정확히 말하고 있는 것처럼 고난에 참여할 때 비로소 "그와 함께 영광"도 받게 될 것이다. 마치 그리스도께서 압도적인 고난을 통과해서 압도적인 영광을 누리신 것처럼 말이다.

■ 핵심 용어 정리 ■

**형벌**
하나님의 법도를 싫어하고 하나님의 규례를 멸시할 때 하나님으로부터 받는 율법적 징계이다(레 26:43). 율법을 범하면 형벌을 받고 결국 사망에 이르게 된다는 것이 율법적 용례였다(롬 6:23). 예수 밖에 있을 때는 죄인이 이 형벌을 직접적으로 받아야 하지만, 예수 안에 있는 자는 예수께서 이 형벌을 대신 받아 주신다(롬 8:1).

**대속**
'누구 대신에 죄를 속한다'는 의미이다. 죄를 지은 자가 마땅히 징계와 형벌을 받아야 하지만 예수 그리스도께서 자신의 백성을 위해 '대신' 죄의 형벌을 받아 주셨다. 그러므로 대속은 곧 은혜 위에 은혜다.

**상속자**
죄를 대속 받아 하나님의 자녀가 된 자의 '법적 지위'를 뜻한다. 하나님은 예수 안에 있는 자를 가리켜 의롭다 칭하고 양자로 삼아 주신다. 하나님의 자녀는 하나님 아버지의 모든 유산과 분깃과 기업을 상속으로 받게 된다(계 21:7).

## 정말로 기대된다

그리스도께서 고난을 통과해서 영광을 누리셨다는 뜻이 무엇일까? 바로 '부활'하셨다는 의미다. 부활의 논리적 전제는 '죽음'이다. 죽음이 없으면 부활도 없다. 죽지 않는데 어떻게 부활이 가능하겠는가. 많은 사람이 부활을 꿈꾸면서도 죽기는 싫어한다. 그러나 죽지 않는 한 부활도 불가능하다.

부활 신앙이 기독교 신앙의 핵심이다. 우리가 믿는 예수 그리스도는 잔인하게 채찍질을 당하고 비참하게 십자가에 달려 고통받다가 죽어서 무덤에 들어간 33세의 나사렛 청년 정도가 아니다. 무덤에 들어가 끝나 버린 청년을 믿어서 무엇 하겠는가? 우리가 믿는 예수 그리스도는 죽었다가 사흘 만에 부활하신 참 하나님이시다! 그러므로 예수 그리스도를 믿는 믿음은 그리스도의 십자가와 십자가의 죽음을 극복한 부활을 믿는 믿음이다.

안타깝게도 요즘 시대의 신학은 이토록 중요한 부활 신앙을 거부한다. 거부하는 방식은 크게 두 가지인데 '부활의 역사성 부정'과 '부활의 의미 축소'다. 이 두 가지는 서로 밀접하게 연결되어 있다. 하나씩 살펴보도록 하자.

첫째, 현대신학은 부활의 역사성을 부정한다. 그리스도의 부활은 '상징적으로' 이해해야 할 사건이지 '역사적으로' 일어난 사건으로 이해해서는 안 된다는 입장이다. 사실 신학의 흐름은 '역사성'과 '상징성' 사이의 치열한 격돌의 흐름을 가지고 있다. 아담도 역사적 인물로 볼 것인지, 아니면 상징적 인물로 볼 것인지로 대립하고 있다. 이스라엘의 회복도 역사적 사실로 볼 것인가, 상징적 사실로 볼 것인가로 대립하고 있다. 부활도 마찬가지다. 예수 그리스도의 부활을 역사적 사실로 볼 것인가, 아니면 상징적인 사건으로 볼 것인가로 치열하게 대립하고 있다. 하지만 예수 그리스도의 부활은 역사적이고도 실제적인 사건이었다. 성경이 그것을 증거하고 있다. 고린도전서 15장 3-8절을 살펴보자.

"내가 받은 것을 먼저 너희에게 전하였노니 이는 성경대로 그리스도께서 우리 죄를 위하여 죽으시고 장사 지낸 바 되셨다가 성경대로 사흘 만에 다시 살아나사 게바에게 보이시고 후에 열두 제자에게와 그 후에 오백여 형제에게 일시에 보이셨나니 그 중에 지금까지 대다수는 살아 있고 어떤 사람은 잠들었으며 그 후에 야고보에게 보이셨으며 그 후에 모든 사도에게와 맨 나중에 만삭되지 못하여 난 자 같은 내게도 보이셨느니라"(고전 15:3-8).

바울 사도는 그리스도께서 "성경대로 사흘 만에 다시 살아나"셨다고 선포한다(4절). 바울은 그다음 구절에서 그리스도의 부활에 대한 '다수의 목격자'가 있음을 구체적으로 설명한다. "열두 제자"와 "오백여 형제" 그리고 "모든 사도"도 부활하신 그리스도를 직접 목격했다는 사실을 증거하고 있다(5-7절).

'목격자'(目擊者)라는 단어는 '어떤 일을 직접 눈으로 본 사람'이라는 뜻을 가지고 있다. 상징적인 것은 실제 눈으로 볼 수 없다. 유니콘은 실존하지 않는 동물이다. 유니콘은 상상 속에서만 볼 수 있는 존재이므로 유니콘을 실제로 본 목격자는 존재하지 않는다. 하지만 그리스도의 부활은 상상 속의 사건도 아니요 상징적인 사건 또한 더더욱 아니다. 그리스도의 부활은 역사 속에서 실존했던 사건이므로 수많은 목격자가 존재한다.

만약 그리스도의 부활이 사실이 아니고, 단순히 상징적인 사건이라면 우리에게는 아무런 소망이 없다. 상상 속에서만 활동하는 유니콘 같은 존재가 예수 그리스도라면, 우리의 구원도 결국 상상 정도에 지나지 않게 될 것이기 때문이다. 상상 속에서나 가능한 신기루 같은 구원을 받고 싶은가? 아니면 굳건한 역사성에 근거한 실제적인 구원을 받고 싶은가?

둘째, 현대신학은 부활의 참된 의미를 축소시킨다. 이는 당연한 결과다. 그 이유는 부활의 역사성이 부정되는 순간 부활이 가진 의미가 최소화될 수밖에 없기 때문이다. 그리스도의 부활은 그리스도의 부활을 믿는 신자들에게 놀라운 의미로 다가온다. 베드로전서 1장 3절을 살펴보자.

"우리 주 예수 그리스도의 아버지 하나님을 찬송하리로다 그의 많으신 긍휼대로 예수 그리스도를 죽은 자 가운데서 부활하게 하심으로 말미암아 우리를 거듭나게 하사 산 소망이 있게 하시며"(벧전 1:3).

예수 그리스도의 부활은 우리가 누리게 될 부활의 '궁극적인 근거'다. 베드로는 예수 그리스도의 부활로 인해 우리가 '거듭남'의 은혜를 누릴 수 있게 되었다고 말한다. 예수께서 죄와 사망의 음침한 골짜기를 지나 부활하신 것처럼, 신자들도 죄와 사망의 음침한 골짜기를 지나 부활하신 예수 그리스도 안에서 거듭남의 부활을 누리게 될 것이다.

생명만 생명을 낳는다. 우리 집 거실에는 오래된 조화(造花)가 있다. 예쁜 색깔과 아름다운 잎사귀를 지닌 꽃이다. 하지만 죽은 꽃이다. 생명이 없는 꽃이다. 그러므로 자라지 않는다. 조화는 절대 자라지 않는다. 생명이 없기 때문이다. 거듭남도 마찬가지다. 거듭난 존재만 거듭나게 만들 수 있다. 생명이 있어야 생명을 낳게 된다. 부활하신 예수 그리스도는 우리를 부활시키실 수 있다. 예수 그리스도께서 부활하셨기 때문에 우리를 거듭나게 만드실 수 있다. 생명만 생명을 낳기 때문이다.

베드로는 이런 부활을 가리켜 "산" 소망이라고 부른다. 부활하신 예수 그리스도만이 우리에게 '산' 소망이시다. 만약 부활이 역사적 사실이 아니라면, 만약 부활이 상징적인 사건 정도라면 우리에게는 '산' 소망이 없다. 죽은 소망으로 점철될 뿐이다. 하지만 그리스도의 부활 사건은 우리에게 영원토록 '산' 소망으로 작동한다. 그러므로 기대된다. 부활하신 예수 그리스도 안에서 현재적 부활인 거듭남을 누리게 될 것이며, 부활하신 예수 그리스도 안에서 미래적 부활인 몸의 부활까지도 경험하게 될 것이다. 이 현재적·미래적 부활은 정말로 압도적일 것이다. 압도적으로 '살아 있는' 소망일 것이다. 그러므로 기대된다. 그리스도께서 부활하셔서 너무나도 기대된다.

■ **핵심 용어 정리** ■

**부활**
'죽었다 다시 살아남'을 의미한다. 예수 그리스도는 십자가 위에서 잔인하게 죽임을 당해 무덤에 들어가 시체로 끝난 존재가 아니다. 그런 존재라면 그리스도를 믿을 하등의 이유가 없다. 그리스도를 구세주로 믿는 이유는 그리스도께서 죽음의 권세를 이기시고 부활하셨기 때문이다.

**역사성**

'시공간에서 일어난 실제적 사건'이라는 의미가 녹아 있는 표현이다. 성경은 허구(虛構)도 아니고 허상(虛像)도 아니다. 성경에 기록된 모든 사건들은 전부 다 역사 속에서 실제로 일어난 사건들이었다는 믿음이 역사적 기독교의 초석이다.

**목격자**

'기독교의 역사성'에 대한 신빙성 있는 역사적 증거이다. 성경이 여타 소설책처럼 자의로 꾸며낸 픽션(fiction)이 아닌 이유는 성경에 기록된 많은 사건에 대한 다수의 목격자가 있었기 때문이다. 그리스도의 부활에 대해서도 다수의 목격자가 있었다.

### 한 장으로 정리하는 교리

**예수 그리스도는 '산 소망'이시다.**

예수 그리스도가 없었다면 우리는 죽음의 그림자 아래서 허덕이고 말았을 것이다. 예수 그리스도가 없었다면 어둠과 흑암의 권세 아래서 몸부림치다가 죽고 말았을 것이다. 하지만 예수 그리스도는 우리의 '산 소망'이시다. 예수 그리스도는 '빛'과 '생명'이시기 때문이다. 예수 그리스도 안에서만 빛을 누리고 예수 그리스도 안에서만 생명을 누린다. 그러므로 기독교의 중심에는 예수 그리스도가 위치한다. 기독교는 그리스도 종교이다.

**중보자 예수 그리스도는 '양성의 위격적 연합'으로 계시는 압도적 존재이시다.**

하나님과 죄인 사이를 이어 주기 위해 그리스도께서 '중보자'로 이 땅에 내려오셨다. 중보자가 되기 위해서는 '참 하나님이심'(신성)과 '참 인간임'(인성)이 함께 존재해야 한다. 그리스도는 신성과 인성, 즉 양성을 가진 채 존재하시는 압도적인 존재이시다. 삼위일체의 두 번째 위격이 이 양성과 연합해 온전한 중보자성이 확립되었다. 양성의 위격적 연합 교리는 인간 이성의 한계를 훌쩍 뛰어넘는 교리다. 이는 인간 이성의 판단 대상이 아니라 예배와 경배의 대상으로만 남아야 한다.

**예수 그리스도의 '형벌 대속'과 '부활'이 우리의 소망이다.**

율법에 의하면 원래 죄인이 형벌을 받아 죽어야 한다. 하지만 죄를 향한 하나님의 무한한 진노와 분노는 그 어떤 인간도 온전히 감내해 낼 수 없다. 그러므로 참 하나님이신 예수 그리스도께서 이 땅에 내려와 우리 대신에

'형벌 대속'을 감당하셨다. 우리 대신에 채찍을 맞으셨고 우리 대신에 못이 박힌 채로 돌아가셨다. 하지만 그리스도는 죽고 끝나 버린 나사렛 청년이 아니셨다. 그분은 죽은 지 사흘 만에 부활하셨다. 그리스도의 부활이 곧 우리의 소망이다. 우리도 그리스도처럼 앞으로 부활하게 될 것이기 때문이다.

기독론은 이처럼 압도적인 은혜로 가득 차 있다. 기독론을 바르게 통과한 사람은 예수 그리스도를 사랑하지 않을 수 없는 이유가 바로 여기에 있다.

■ 묵상 및 토론 질문 ■

1. 내 삶 속에서 예수 그리스도가 '빛'과 '생명'의 역할을 감당했던 기억이 있는가? 있다면 어떤 경험이었고 없었다면 왜 없었을까?
2. 다른 사람을 위해 '대신' 형벌 받고 '대신' 죽어 줄 수 있을까? 그리스도의 '형벌 대속'을 깊이 묵상하면서 그 은혜를 서로 나눠 보라.
3. 현대신학은 부활의 '역사성'을 거부한다. 부활의 역사성을 거부할 때 나타날 수 있는 유익은 무엇일까? 반대로 부활의 역사성을 인정할 때 나타날 수 있는 유익은 무엇일까?

## 구원론

5장 기독론을 통과해야 구원을 받을 수 있다. 구원은 예수 그리스도를 믿음을 통해서만 받는다. 6장은 예수 안에서 누리는 복된 선물인 구원에 대해 다룬다. 구원의 본질, 소명(부르심), 중생(거듭남), 회심(믿음과 회개), 칭의, 성화, 견인이라는 구원의 선물들을 포괄적으로 조망할 것이다. 이번 장을 통해 구원의 은혜를 여실히 깨닫고 받은 은혜에 마땅히 반응하는 삶까지 이끌어내길 간절히 소망한다.

# 6장

# 은혜 위에 은혜러라

"오직 자기의 뜻과 영원 전부터 그리스도 예수 안에서 우리에게 주신 은혜대로 하심이라"(딤후 1:9).

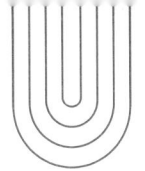

## 은혜와 공로

'인센티브'(incentive)라는 단어가 있다. 회사에서 많이 쓰는 용어다. 다른 사람보다 더 많은 일을 하거나 더 좋은 결과를 내는 사람에게 그에 합당한 보상을 덧붙여 해 주는 개념이다. 더 많이 일한 만큼 돈을 더 받고, 더 좋은 결과를 낸 만큼 돈을 더 받는 것이다. 그러므로 인센티브는 성과급 개념이다. 기본적으로 보상(報償, reward) 논리가 근저에 깔려 있다.

구원은 보상을 받는 것이 아니다. 어느 정도까지 하면 어느 정도까지의 구원을 성과급으로 받고, 예상보다 더 많이 하면 많이 한 만큼의 구원을 인센티브로 보상받는 것이 아니다. 성경은 그렇게 말하지 않는다. 구원은 인센티브로 받는 것도 아니요 한 만큼 성과급으로 받는 것도 아니다.

구원은 은혜로 받는다. 보다 더 정확히 표현하자면, 구원은 은혜로만 받는다. 이것이 바로 구원에 대한 성경의 가르침이다. 사도행전 15장 11절을 살펴보자.

"그러나 우리는 그들이 우리와 동일하게 주 예수의 은혜로 구원 받는 줄을 믿노라 하니라"(행 15:11).

만약 구원이 보상으로 받는 것이라면 구원을 받은 사람은 구원을 받지 않은 사람에게 교만한 마음을 한껏 품고 다음과 같이 다그칠 것이다.

"성도님, 좀 열심히 해 보세요. 그 정도밖에 하지 않으니 아직 구원을 못 받은 거예요. 저를 보세요. 최선을 다했더니 이렇게 구원을 받았잖아요."

구원은 최선을 다해서 받는 것이 아니다. 사도행전 본문이 정확히 말하고 있는 것처럼, 구원은 '주 예수의 은혜로'(διὰ τῆς χάριτος τοῦ κυρίου Ἰησοῦ) 받는다.

은혜로 받기 때문에 구원의 성질은 본래 '무조건적'이다. 인센티브나 성과급 개념은 정확히 '조건적'이다. 어느 정도까지의 조건이 충족될 때 인센티브를 받고, 어느 정도까지의 조건이 만족될 때 성과급을 받는다. 그러므로 조건적이다. 보상 개념은 본래 조건부일 수밖에 없다. 하지만 구원은 정반대다. 구원은 무조건적이다. 그 이유는 아무런 조건 없이 베풀어져야만 은혜이기 때문이다. 그러므로 구원은 무조건적이다.

착각하면 안 된다. 구원을 위해 우리가 한 일은 아무것도 없다. 우리가 먼저 하나님을 사랑한 적이 없다. 하나님이 먼저 우리를 사랑해 주신 것이다. 우리가 먼저 하나님을 알았던 것도 아니다. 하나님이 먼저 우리를 아셨다. 우리가 먼저 하나님을 믿은 것도 아니다. 하나님이 먼저 우리에게 믿음이라는 선물을 베풀어 주셨다. 우리가 먼저 하나님께 다가간 것이 아니다. 하나님이 먼저 우리에게 다가오신 것이다. 그러므로 구원의 시작은 하나님이시다. 구원의 시작은 인간이 될 수 없다. 이를 잘 표현하고 있는 디모데후서 1장 9절을 살펴보자.

> "하나님이 우리를 구원하사 거룩하신 소명으로 부르심은 우리의 행위대로 하심이 아니요 오직 자기의 뜻과 영원 전부터 그리스도 예수 안에서 우리에게 주신 은혜대로 하심이라"(딤후 1:9).

하나님이 우리를 구원으로 부르신 것은 "우리의 행위대로 하심"이 아니다. 절대 아니다. 하나님이 우리를 구원으로 부르신 것은 우리의 행위 이전에 '오직 하나님의 뜻'과 "영원 전부터 그리스도 예수 안에서 우리에게 주신 은혜"에 근거한다. 그러므로 구원은 조건부가 될 수 없다. 구원은 반드시 무조건적인 시작을 가진다.

그렇다면 왜 구원은 무조건적인 은혜에 근거해야만 할까? 그 이유는 대단히 간단하다. 예를 들어 보자. 만약에 예배드린 시간만큼, 헌금을 낸 액수만큼, 금식 기도한 시간만큼, 봉사한 양만큼 구원을 받는다고 생각해 보자. 사실 예배드리고 헌금 내고 금식 기도하고 교회에서 봉사하는 것이 얼마나 힘든 일인가? 사람은 힘든 일을 하면 반드시 '보상 심리'에 깊이 빠지게 된다. 힘들게 한 만큼 보상을 받길 원한다. 그리고 보상을 받으면 뿌듯해지고, 더 많은 보상을 받으면 인간 본성 근저에 깔려 있는 자기애와 교만이 발동되면서 남들 앞에서 자신의 치적을 자랑하게 된다. 에베소서 2장 8-9절이 바로 이 이야기를 하고 있다.

"너희는 그 은혜에 의하여 믿음으로 말미암아 구원을 받았으니 이것은 너희에게서 난 것이 아니요 하나님의 선물이라 행위에서 난 것이 아니니 이는 누구든지 자랑하지 못하게 함이라"(엡 2:8-9).

구원은 "은혜에 의하여 믿음으로" 받기 때문에 우리로부터 시작된 것이 아니다. 바울 사도는 이를 "선물"이라고 이야기한다. 은혜와 믿음이라는 선물은 우리의 행위로 인해 받은 것이 아니기 때문에 "누구든지 자랑"할 수 없다. 그 어떤 사람도 구원의 치적을 자랑할 수 없다. 구원은 "행위에서 난 것이 아니"기 때문이다.

구원론은 '은혜론'으로 시작해서 '은혜론'으로 마쳐져야 한다. 하지만 교회 역사 속에서 구원론이 '공로론'에서 시작해서 '공로론'으로 마쳐진 경우가 대단히 많았다. 구원은 공로로 시작될 수도 없고 공로로 시작되어서도 안 된다. 우리에게는 구원의 공로가 0이다. 말 그대로 '제로'다. 아예 없다. 구원의 공로는 오로지 그리스도의 것이다. 그리스도의 공로만이 100이다. 이 사실은 절대로 타협할 수 없는 진리다. 우리에게 공로를 0.0000001퍼센트라도 둘 수 없다. 만약 우리에게 구원의 공로가 0.0000001퍼센트라도 있다면, 그리스도의 공로는 99.9999999퍼센트가 되기 때문에 최소한 그리스도는 0.0000001퍼센트 정도는 죽으실 이유가 없어진다. 우리가 공로를 취하는 순간 그리스도의 죽음이 헛되게 된다.

타협은 없다. 구원은 은혜로 시작해 은혜로 끝나야 한다. 그렇다면 구원을 위해 인간이 할 일은 아예 없다는 말인가? 전혀 그렇지 않다. 구원이 은혜로 시작해 은혜로 끝난다는 구원론적 진리를 정확히 아는 사람은 절대로 가만있을 수 없다. 은혜를 깊이 깨달았는데 그저 가만히 있을 수 있을까? 절대 불가능하다. 은혜를 깊이 깨달은 사람은 움직인다. 움직이지 않을 수 없다. 은혜를 베푼 존재에게 찾아갈 수밖에 없고, 은혜를 베푼 존재에게 진심을 다해 감사를 표할 수밖에 없으며, 은혜를 베푼 존재를 늘 염두에 두고 최선을 다해 살 수밖에 없다. 이를 '마땅한 반응'이라고 한다. 그러므로 바른 구원론은 '은혜'와 '받은 은혜에 대한 마땅한 반응'으로 움직여간다. 반응이 은혜를 이끌어내는 것이 아니라, 은혜가 반응을 이끌어낸다. 그러므로 공로는 없다. 무조건적인 은혜와 이 무조건적인 은혜에 대한 반응만 있을 뿐이다. 이것이 옳다. 정말 그렇다.

■ 핵심 용어 정리 ■

**보상**
'한 양만큼 대가를 비례적으로 지불받음'이라는 뜻이다. 기독교가 말하는 '은혜'와 정반대에 위치한 개념이다. 구원은 행위 한 만큼 비례적으로 보상받는 것이 아니다. 만약 구원을 보상으로 받으면 그 받은 구원을 자랑하게 될 것이다(엡 2:9).

**무조건성**
'한 것이 아무것도 없는데 무상으로 받음'의 개념이다. 조건성은 상호적 관점으로 한 만큼이 조건이 되어 한 양만큼만 보상을 받는 개념이지만, 무조건성은 일방적 관점으로 아무것도 하지 않았는데 일방적으로 베풀어 주시는 은혜로 이루어지는 개념이다. 구원은 하나님께서 베풀어 주시는 무조건적인 은혜이다.

**은혜에 대한 마땅한 반응**
무조건적인 은혜를 받은 사람이 가져야 할 삶의 태도와 자세를 뜻한다. 은혜를 제대로 깨닫고 경험한 사람은 받은 은혜에 대하여 '마땅한 반응'이 자연스럽게 흘러나오게 된다.

## 부르신다

구원은 '부르심'에서부터 시작한다. 이를 '소명'(召命, calling)이라고 부른다. 예를 들어 보자. 한 사람이 바로 앞이 낭떠러지인 줄 모르고 계속 걸어가고 있다. 이제 몇 발걸음만 더 내디디면 낭떠러지 아래로 떨어진다. 떨어지면 곧 죽는다. 너무 높고 깊어 바닥조차도 보이지 않는 극한의 낭떠러지이기 때문이다. 이때 누가 소리 높여 부른다. 다급한 목소리로 그의 이름을 크게 부른다. 그 길로 가면 떨어져 죽게 될 것이라고 소리 높여 외친다. 이 소리를 듣고 그 사람은 낭떠러지 바로 앞에서 발길을 멈췄다. 이제 살았다. 누가 불러 줘서 살았다.

구원은 죄인을 향한 하나님의 부르심에서부터 시작된다. 베드로전서 2장 9-10절 말씀이다.

"그러나 너희는 택하신 족속이요 왕 같은 제사장들이요 거룩한 나라요 그의 소유가 된 백성이니 이는 너희를 어두운 데서 불러내어 그의 기이한 빛에 들어가게 하신 이의 아름다운 덕을 선포하게 하려 하심이라 너희가 전에는 백성이 아니더니 이제는 하나님의 백성이요 전에는 긍휼을 얻지 못하였더니 이제는 긍휼을 얻은 자니라"(벧전 2:9-10).

우리는 "어두운 데" 존재했다. 구원받기 전 상태는 어두운 상태다. 이때 하나님이 우리를 불러내셨다. '불러내다'라는 번역의 헬라어 단어는 '칼레오'(καλέω)인데 '부르다'(call), '~라고 이름을 부르다'(call by name), '청하다'(summon) 등의 의미를 가지고 있다. 하나님은 칠흑같이 어두운 곳에 존재했던 우리를 바라보시고 우리의 이름을 불러 주신다. 우리의 이름을 불러 주시는 이유는 어두운 데 있는 우리를 "그의 기이한 빛에" 들이시기 위함이다. 그러므로 베드로는 이를 가리켜 "아름다운 덕"이라고 칭했고 이를 가리켜 "긍휼"이라고 불렀다. 맞다. 부르심은 긍휼 그 자체다.

그렇다면 하나님은 죄인을 어떻게 부르실까? 하나님은 '복음으로' 우리를 부르신다. 데살로니가후서 2장 13-14절을 살펴보자.

"주께서 사랑하시는 형제들아 우리가 항상 너희에 관하여 마땅히 하나님께 감사할 것은 하나님이 처음부터 너희를 택하사 성령의 거룩하게 하심과 진리를 믿음으로 구원을 받게 하심이니 이를 위하여 우리의 복음으로 너희를 부르사 우리 주 예수 그리스도의 영광을 얻게 하려 하심이니라"(살후 2:13-14).

바울 사도는 하나님이 "복음으로" 우리를 부르신다고 말한다. 사실 곧 낭떠러지 아래로 굴러떨어져 죽을 사람의 이름을 다급히 불러 살려 주는 것 자체가 복음, 즉 기쁜 소식이다. 사실 어두운 데 빠져 갈 길 몰라 좌충우돌 헤매고 있는 사람을 불러서 빛 가운데 이끌어 주는 것 자체가 복음, 즉 기쁜 소식이다. 하나님은 이 기쁜 소식으로 우리를 부르신다.

하나님이 복음으로 우리를 부르신다는 사실은 우리에게 크게 두 가지의 복된 행동 요령을 가르쳐 준다.

첫째, 때를 얻든지 못 얻든지 복음을 듣는 자리에 꼭 엉덩이를 딱 붙이고 앉아 있어야 한다. 복음은 과거형이 아니다. 복음은 현재형이다. 즉 과거에 복음을 듣고 구원을 받았기 때문에 이제 복음이 필요 없다는 생각만큼 위험한 생각이 없다. 어떤 사람은 복음은 불신자나 초신자 정도에게 필요한 것이라고 생각한다. 이렇게 생각하면 큰일 난다. 절대 아니다. 복음은 구원을 받을 때도 필요하며, 구원을 받고 난 후에도 필요하며, 예수께서 다시 오시기까지 여전히 우리에게 필요하다. 복음은 오늘도 우리의 영을 살리는 '생명의 양식'이기 때문이다.

둘째, 하나님은 복음으로 죄인을 부르시기 때문에 때를 얻든지 못 얻든지 늘 복음을 전해야 한다. 거창하게 민족 복음화, 세계 복음화, 하나님 나라의 확장을 외치기 전에 내 가족, 내 주변 지인 중 아직 예수를 영접하지 않은 이들에게 먼저 복음을 밀도 있게 전해야 한다. 로마서 10장 14-15절 말씀을 살펴보자.

"그런즉 그들이 믿지 아니하는 이를 어찌 부르리요 듣지도 못한 이를 어찌 믿으리요 전파하는 자가 없이 어찌 들으리요 보내심을 받지 아니하였으면 어찌 전파하리요 기록된 바 아름답도다 좋은 소식을 전하는 자들의 발이여 함과 같으니라"(롬 10:14-15).

바울이 잘 기록한 것처럼, "전파하는 자가 없이"는 복음을 들을 수 없다. 그러므로 "좋은 소식을 전하는 자들의 발"은 아름답다. 복음으로 우리를 불러 주신 하나님은 이제 복된 부르심의 통로로 우리를 사용하기 원하신다. 당신은 복된 부르심의 통로가 될 것인가, 아니면 복된 부르심의 통로를 막는 존재가 될 것인가? 좋은 소식을 전하는 자들의 발은 아름답다. 아름다운 존재가 되길 간절히 소망한다.

■ 핵심 용어 정리 ■

**소명**
하나님의 '부르심'이라는 의미이다. 구원의 시작을 지칭한다. 구원의 시작은 인간적으로 할 수 없다. 신적이다. 그 이유는 하나님께서 죄인을 복음으로 불러 주지 않으시면 그 어떤 죄인도 돌이킬 수 없기 때문이다.

**복음의 현재형**
복음을 바라보는 태도와 자세를 묘사하는 표현이다. 복음은 과거에 듣고 끝나는 것이 아니다. 복음은 과거에 들었지만 지금도 다시 들어야 하며 지금 우리의 실존에 반드시 지속적인 영향력을 끼쳐야 한다. 과거에 함몰된 복음은 더 이상 복음이 아니다.

**복음 전파**
복음을 듣고 변화된 사람들이 반드시 감당해야 할 사명을 뜻한다. 복음은 땅끝까지 이르러 전파되어야 한다(마 28:19-20). 그것이 바로 예수 그리스도의 명령이었다.

## 다시 태어나게 하신다

복된 부르심을 받아 낭떠러지로 떨어져 죽지 않고 살게 된 사람은 이제 제2의 새로운 인생을 살게 될 것이다. 복된 부르심을 받아 칠흑과도 같은 어두운 공간에서 찬란한 빛의 공간으로 나오게 된 사람은 이제 제2의 새로운 인생을 살게 될 것이다. 구원으로 향한 복된 부르심 속에서 새로운 삶을 살게 되는 것을 가리켜 '중생'(重生, regeneration), 즉 '거듭남'이라고 부른다. 요한복음 3장 3-8절은 거듭남의 핵심 본질에 대해 정확히 알려 주는 귀한 본문이다.

"예수께서 대답하여 이르시되 진실로 진실로 네게 이르노니 사람이 거듭나지 아니하면 하나님의 나라를 볼 수 없느니라 니고데모가 이르되 사람이 늙으면 어떻게 날 수 있사옵나이까 두 번째 모태에 들어갔다가 날 수 있사옵나이까 예수께서 대답하시되 진실로 진실로 네게 이르노니 사람이 물과 성령으로 나지 아니하면 하나님의 나라에 들어갈 수 없느니라 육으로 난 것은 육이요 영으로 난 것은 영이니 내가 네게 거듭나야 하겠다 하는 말을 놀랍게 여기지 말라 바람이 임의로 불매 네가 그 소리는 들어도 어디서 와서 어디로 가는지 알지 못하나니 성령으로 난 사람도 다 그러하니라"(요 3:3-8).

많은 사람이 니고데모처럼 생각한다. 거듭남을 물리적으로 이해해서, 다시 태어나기 위해 어머니의 배 속에 들어가 두 번째 태어나야 한다고 이해하는 것이다. 하지만 "거듭남"이라는 주제는 철저히 '영적인' 주제다. 물리적이거나 생리적인 것과는 거리가 아주 멀다. 요한복음 3장 3-8절이 가르쳐 주는 거듭남의 주요 특징은 다음과 같다.

첫째, 거듭남이 없으면 하나님 나라도 없다. 그 이유는 '영적으로 살아 있는 자'만 하나님 나라에 들어갈 수 있기 때문이다. 거듭나기 전 죄인의 상태는 "허물과 죄로 죽었던" 상태였다(엡 2:1). 그러나 하나님 나라는 죽음과 상관없는 나라다. 하나님 나라는 허물과 죄와는 전혀 상관없는 곳이다. 오히려 하나님 나라는 생명의 나라다. 허물과 죄가 완전히 제거된 복된 나라다. 그러므로 하나님 나라의 백성은 다시 태어난 백성이다. 영적으로 거듭난 백성이다. 거듭난 사람만 하나님 나라에 들어간다.

둘째, 물과 성령으로 거듭난다. 혹자는 물을 '물 세례'로, 성령을 '불 세례'로 서로 분리해 이해하기도 하는데 이런 해석은 무리가 있다. 그 이유는 "물과 성령으로"(ἐξ ὕδατος καί πνεύματος)라는 표현의 헬라어 용법상 '그리고'의 뜻을 가진 '카이'(καί)가 '~에서' 혹은 '~로부터'의 뜻을 가진 '에크'(ἐκ) 안에 같이 묶여 있으므로 물과 성령을 서로 분리시키는 해석은 옳지 않기 때문이다. 오히려 물과 성령은 하나의 의미를 더 강조하기 위해 서로 다른 표현을 각기 사용한 것으로 이해하는 것이 더 좋다. 즉 물은 성령께서 죄인의 영혼을 깨끗하게 정화하시는 기능을 상징적으로 묘사한 표현으로 이해하는 것이 옳다. 정리하자면, 거듭남은 성령 하나님의 정화 사역이다.

셋째, 거듭남은 육의 일이 아니라 영의 일이다. 즉 거듭났다고 해서 우리의 몸이 막 바뀌지는 않는다. 예전에 유행했던 일본 만화 중 『드래곤볼』이라는 만화가 있다. 『드래곤볼』에는 '초사이어인'이 등장하는데 평소에는 일반인처럼 살아가다 갑자기 에너지가 폭발하면서 머리 색깔과 몸의 근육질이 변화되어 초특급 전사가 된다. 그러나 우리가 거듭난다고 해서 『드래곤볼』의 초사이어인처럼 머리 색깔이 바뀌고 몸의 근육질이 변화되는 것은 아니다. 그 이유는 거듭남은 영혼의 상태에 대한 변화이지 몸의 외형에 대한 물리적 변화가 아니기 때문이다.

넷째, 거듭남은 하나님의 일이기 때문에 신비에 가깝다. 바람이 뺨을 스치면 바람이 지나가고 있다는 것은 인식할 수 있지만 이 바람이 어디서 왔다가 어디로 가는지는 알 수 없다. 거듭남도 마찬가지다. 거듭남은 성령의 사역이기 때문에 인식은 할 수 있으나("그 소리는 들어도") 완벽하게 이해할 수는 없다("어디서 와서 어디로 가는지 알지 못하나니"). 그러므로 거듭남은 오롯이 신적인 사역이다.

그렇다면 나에게 거듭남이 있는지, 없는지를 어떻게 알 수 있을까? 에베소서 4장 22-24절을 살펴보자.

> "너희는 유혹의 욕심을 따라 썩어져 가는 구습을 따르는 옛 사람을 벗어 버리고 오직 너희의 심령이 새롭게 되어 하나님을 따라 의와 진리의 거룩함으로 지으심을 받은 새 사람을 입으라"(엡 4:22-24).

"심령이 새롭게 되어" 거듭나면 "하나님을 따라" 살게 된다. 구습을 따르지 않고 하나님을 따라 사는 자를 가리켜 거듭난 "새 사람"이라고 부른다. 에베소서 본문에 의하면 새 사람이 된 증거는 "의와 진리의 거룩함"이다. '의와 진리의 거룩함'은 '참 의로움과 참 거룩함'으로 번역 가능하고 '올바르고 거룩한 진리의 생활'로도 번역 가능하다.

거듭난 사람은 참 의로움과 참 거룩함이 무엇인지를 인식할 수 있는 영적인 능력이 생기기 때문에 마음 한편에 '불편함'이 느껴지기 시작한다. 거듭나기 전에는 의롭고 거룩한 삶을 살지 않아도 별다른 불편함이 없었지만, 거듭난 후에는 불편함이 생긴다. 그 이유는 거듭난 사람은 "구습을 따르는 옛 사람"이 벗겨지고 "새 사람"을 덧입게 되었기 때문이다. 옛 사람과 새 사람은 반드시 싸운다. 그러므로 불편해진다. 이 영적인 불편함이 바로 거듭남의 증거다.

사실 불편함은 당연한 것이다. 좀 더러운 예를 들어 보겠다. 깨끗하게 샤워를 마쳤다고 생각해 보자. 향긋한 냄새의 바디 워시로 거품을 많이 내어 몸 구석구석을 깨끗이 씻었다. 다 씻고 난 후에는 보습제도 몸 골고루 발라 줘서 몸 전체가 뽀송뽀송해졌다. 따뜻한 물로 깨끗하게 샤워하니 마음 상태까지도 개운해진 것 같다. 그런데 누군가가 이렇게 깨끗해진 몸에다가 인분을 막 바른다고 생각해 보라. 상상조차도 하기 싫은 일이다. 향긋한 냄새가 났던 몸이 악취 가득한 몸이 되고 뽀송뽀송했던 피부가 극렬할 정도로 더럽혀졌다. 불편하겠는가, 불편하지 않겠는가?

마찬가지다. 물과 성령으로 새 사람이 된 이에게 더럽고 냄새나는 옛 사람의 구습이 또다시 들어올 경우 불편함을 느끼지 않을 수 없다. 그것이 바로 거듭남의 증거다. 그래서 더럽고 냄새나는 옛 사람의 구습과 피 흘리기까지 싸워 내는 것, 그것이 바로 거듭남의 참된 증거다.

■ **핵심 용어 정리** ■

**중생**
'다시 태어남'을 뜻한다. 중생을 '거듭남'이라고도 부른다. 거듭남은 물리적 거듭남이 아니라 영적인 거듭남이다. 거듭남의 증거는 하나님을 인식하게 되고 영원에 대한 시각이 열리게 되는 것이다.

### 신비
하나님께서 일하시는 방식에 대한 묘사이다. 하나님은 무한하신 분이시다. 그러므로 유한한 인간은 무한하신 하나님의 일하심에 대해 온전히 이해할 수 없다. 물론 기록된 계시에 근거해 어느 정도까지는 하나님의 존재와 사역에 대해 인식은 가능하지만, 결국 그 인식도 종국에는 '신비'라는 벽을 만나게 된다. 이는 당연한 것이다.

### 불편함
중생한 사람에게 일어나는 영적인 싸움을 묘사하는 표현이다. 중생 전에는 '옛 자아'만 있었지만 중생 후에는 '새 자아'가 들어오기 때문에 옛 자아와 새 자아의 치열한 싸움이 일어난다. 영적인 전쟁을 치열하게 치르다 보면 점점 더 "아들의 형상"을 닮아 가게 될 것이다(롬 8:29).

## 믿게 하신다

중생, 즉 거듭난 이후에는 크게 두 가지의 복된 선물을 받게 되는데 '회개'의 선물과 '믿음'의 선물이다. 회개와 믿음의 선물을 받는 것을 가리켜 '회심'(回心, conversion)이라고 부른다. 회심은 '돌아올 회'(回)와 '마음 심'(心)이 합쳐진 단어로 '마음을 돌이킴'의 뜻을 가진 단어다.

쉽게 말해, 회심은 유턴(U-turn)이다. 목적지와 반대 방향으로 가고 있을 때 반드시 해야 할 일이 유턴이다. 차의 방향을 아예 거꾸로 돌이켜야 한다. 그래야 목적지를 향해 간다.

사실 모든 인간은 죄인의 상태로 태어난다. 시편 51편 5절을 잠깐 살펴보자.

"내가 죄악 중에서 출생하였음이여 어머니가 죄 중에서 나를 잉태하였나이다"(시 51:5).

시편 저자의 어머니만 죄 중에서 아이를 잉태하여 죄인을 출생시킨 것이 아니다. "의인은 없나니 하나도 없으며"(롬 3:10)라는 말씀처럼 모든 어머니는 죄 중에서 아이를 잉태하여 죄인을 출생시킨다. 왜 갓난아기가 죄인인가? 눈에 넣어도 아프지 않을 그 예쁘고 귀여운 아기가 왜 죄인인가? 갓난아기를 죄인이라고 하는 것은 너무 가혹하지 않은가? 그렇지 않다. 아무리 예쁘고 귀여운 아기라도 죄인이다. 최소한 아직 지·정·의의 회심이 일어나지 않았다면 죄인이다. 갓난아기는 아직 하나님을 알지 못하고(지), 아직 하나님을 사랑하지 않으며(정), 아직 하나님을 향해 거룩한 행위를 하지 않는다(의). 그러므로 갓난아기는 '본성의 상태'로만 산다. 본성의 상태는 자기만을 사랑하는 '자기애'의 상태다. 갓난아기만큼 자기애가 강한 존재도 없다. 이런 측면에서 갓난아기는 죄인 중 괴수다.

딸들이 갓난아기였을 때가 기억에 선하다. 아무리 부모가 피곤에 절어 곯아떨어져 자고 있어도 아기는 새벽 3시가 되었든, 5시가 되었든, 자기가 불편하면 최선을 다해 울어 젖힌다. 시간과 상관없이 배고프면 울고, 기저귀가 축축해도 울고, 잠자리가 불편해도 울고, 무조건 울어 젖힌다. 부모의 상태를 전혀 고려하지 않고 절대로 부모를 배려하지 않는다. 갓난아기는 자기만 사랑한다. 갓난아기는 죄인 중 괴수다. 갓난아기는 "하나님을 사랑하고 이웃을 사랑하라"는 율법의 총 강령을 지키지 않고 자기만 사랑한다. 이런 본성의 상태는 갓난아기만의 문제가 아니다. 우리 모든 '인간'의 문제다.

유턴이 필요하다. 마음의 돌이킴이 필요하다. 하나님은 거듭난 자들에게 돌이킴, 즉 회심을 허락하신다. 마가복음 말씀을 살펴보자.

"요한이 잡힌 후 예수께서 갈릴리에 오셔서 하나님의 복음을 전파하여 이르시되 때가 찼고 하나님의 나라가 가까이 왔으니 회개하고 복음을 믿으라 하시더라"(막 1:14-15).

예수께서 하나님 나라의 복음을 전하실 때 크게 두 가지의 명령을 하셨다. 첫째는 "회개하라"였고, 둘째는 "복음을 믿으라"였다. 이를 요약하면 바로 '회심'이다.

회심 전에는 자기만 믿었다. 자기만 사랑하고 자기가 세상의 중심이었다. 하나님이 거듭남을 주시면 이제 이런 자기중심적인 마음이 바뀐다. 회심 전에 자기만 믿고 사랑했던 모습에 대해 애통하는 마음이 생긴다. 이전의 모습에서 부끄러움을 느낀다. 자기 자신에게는 어떤 영적인 능력도 없다는 사실을 깨닫고 자기만 믿고 사랑하는 것을 가지고서는 구원에 이를 수 없다는 사실을 깨닫는다. 자기 속에 능력이 없음을 알고 자기 밖의 능력 있는 구원자를 찾기 시작한다. 예수 그리스도를 구원자로 믿게 된다. 로마서 10장 9-10절 말씀이다.

"네가 만일 네 입으로 예수를 주로 시인하며 또 하나님께서 그를 죽은 자 가운데서 살리신 것을 네 마음에 믿으면 구원을 받으리라 사람이 마음으로 믿어 의에 이르고 입으로 시인하여 구원에 이르느니라"(롬 10:9-10).

자기를 주인으로 믿는 것이 아니라 "예수를 주"로 믿고, 자기 자신을 신뢰하는 것이 아니라 '하나님께서 죽은 자 가운데서 살리신 이'를 신뢰하게 된다. 이것이 바로 믿음이다. 회개하고 믿는 것은 하나님이 주시는 선물이다. 사도행전 26장 17-18절을 살펴보자.

"이스라엘과 이방인들에게서 내가 너를 구원하여 그들에게 보내어 그 눈을 뜨게 하여 어둠에서 빛으로, 사탄의 권세에서 하나님께로 돌이오게 하고 죄 사함과 나를 믿어 거룩하게 된 무리 가운데서 기업을 얻게 하리라 하더이다"(행 26:17-18).

이 본문은 바울의 이야기다. 예수 그리스도께서 다메섹 도상에서 바울을 만나 주셨고 바울을 구원하셨다. 바울이 먼저 예수를 찾아가 만난 것이 아니다. 예수께서 먼저 바울을 찾아오셨다. 그리스도의 빛으로 바울은 영적인 눈이 떠졌다. 바울이 먼저 눈을 뜬 것이 아니라 그리스도의 빛이 바울의 눈을 뜨게 만들었다. 하나님은 사람들의 '눈도 뜨게 만들어 주신다'("그 눈을 뜨게 하여"). 눈을 떠서 회개하고 믿게 만들어 주신다. 눈을 뜬 사람들은 이제 "어둠에서 빛으로, 사탄의 권세에서 하나님께로 돌아오게" 된다. 회심을 경험하게 된다.

유턴해야 한다. 잘못된 길로 계속 가 봤자 절대로 목적지에 다다를 수 없다. 잘못된 길로 계속 가 봤자 에너지 낭비요 시간 낭비일 뿐이다. 유턴이 필요하다. 어둠과 사탄의 권세 속에 있었음을 진정으로 회개하고 이제 빛으로, 하나님께로 향해야 한다. 이 유턴은 너무나도 복된 돌이킴일 것이다. 이 방향전환만이 살길이다.

■ **핵심 용어 정리** ■

**회심**
'마음을 돌이킴'이라는 뜻이다. 하나님께서 죄인을 복음의 말씀으로 불러 주시면 드디어 거듭남을 경험하게 된다. 그 결과가 회심이다. 거듭남의 씨앗으로 하나님을 향하는 영적인 방향성을 갖게 된다. 마음의 돌이킴을 경험하게 되는 것이다.

**회개**
회심의 한 요소로서 자신의 죄악 됨을 직시해 죄에 대한 애통 및 거룩한 분노가 올라오게 됨을 뜻한다. 회심은 단회적 회개이지만, 단회적 회개인 회심 이후에는 일평생 삶을 통해 '점진적 회개'를 해야 한다. 회심 이후에도 여전히 짓고 있는 죄를 애통해하며 하나님께 죄 용서의 기도를 올려 드려야 한다.

**믿음**
하나님께서 중생한 자에게 베푸시는 영적인 선물이다. 믿음은 지·정·의 전인적인 성격을 가지는데 말씀의 지식을 들음에서 믿음이 나서, 하나님을 사랑하는 감정으로 발전하게 되고, 의지적인 믿음을 통해 하나님을 위한 영적 행위를 하게 된다.

## 의롭다 칭하신다

"법대로 하자"라는 말이 있다. 사안이 복잡하면 복잡할수록, 좀처럼 쉽게 풀리지 않는 문제일수록 법의 권위에 호소해 법대로 공정한 판단을 받아보자는 의미가 서려 있는 표현이다. 그러므로 "법대로 하자"라는 말에는 어떤 사안에 대한 최종적인 판단, 사안의 완결, 사안의 확정 등의 의미가 내포되어 있다.

구원도 마찬가지다. 혹자는 부르심, 거듭남, 회심으로 이루어진 구원이 너무나도 영적인 문제이기 때문에 마치 뜬구름 잡는 이야기처럼 느껴진다고 말한다. 구원에 대한 이런 관념적이고도 사변적인 생각에 '뚜렷한 법정적 확정성'과 '최종적인 법정적 완결성'을 굳건히 부여해 주는 개념이 바로 '칭의'(稱義, justification)라는 개념이다. 칭의가 '법정적' 개념이 강한 이유는 하나님이 불러 주시고, 거듭나게 만들어 주시고, 회개와 믿음이란 선물까지 베풀어 주신 존재의 '법적 신분'을 완결적으로 확정해 주는 개념이기 때문이다.

하나님은 회심한 자에게 법적인 신분을 부여하시는데, 회심한 자는 하나님 앞에서 의롭다 칭함을 받는 존재이며, 의롭다 일컬음을 받는 존재이고, 의롭다 간주되는 존재이며, 의롭다 여겨지는 존재다. 이런 존재성은 하나님이 내리시는 법적인 선언들이므로 확정적이며 완결적이고 불변적이다. 신명기 25장 1절을 살펴보자.

> "사람들 사이에 시비가 생겨 재판을 청하면 재판장은 그들을 재판하여 의인은 의롭다 하고 악인은 정죄할 것이며"(신 25:1).

재판장은 시시비비를 재판할 권한이 있으며 의인은 의롭다 선언하고 악인은 악하다 선언할 법적 권한도 존재한다. 물론 재판장이 인간이라면 재판에 오류가 있을 수도 있고 실수가 있을 수도 있다. 하지만 칭의의 맥락에서 재판장은 무한하게 공명정대하신 하나님이시다. 로마서 8장 33-34절 말씀을 보자.

> "누가 능히 하나님께서 택하신 자들을 고발하리요 의롭다 하신 이는 하나님이시니 누가 정죄하리요 죽으실 뿐 아니라 다시 살아나신 이는 그리스도 예수시니 그는 하나님 우편에 계신 자요 우리를 위

하여 간구하시는 자시니라"(롬 8:33-34).

무한하게 의로운 재판장이신 하나님이 의롭다 칭하신 존재에 대해서는 그 누구도 "고발"할 수 없고 그 누구도 "정죄"할 수 없다. 이 본문에서 '고발하다'라는 번역의 헬라어 단어는 '엥칼레오'(ἐγκαλέω)라는 법적 용어인데 그 뜻은 '고소하다'(accuse), '기소하다'(charge) 등이다. 하나님이 의롭다 선언하신 존재는 법적인 신분이 확정되었으므로 그 누구도 그 존재를 법적으로 고소하거나 기소할 수 없다.

혹자는 칭의 개념이 너무나도 법정적 개념이라 우리 실생활과 밀접한 관련이 없는 '법적 허구'에 불과하다고도 비판한다. 하지만 이런 비판은 잘못된 것이다. 법적인 선언은 그 어떤 선언보다도 훨씬 더 효과적으로 '실생활'에 직접적인 영향을 끼치기 때문이다.

예를 들어, 소유권 다툼을 한다고 상상해 보자. 힌 아파트의 소유자가 누구인지를 가르는 법적 다툼이 벌어졌다. 지난한 법정 공방의 결과 드디어 소유자가 결정되었고 법적인 선언까지 이루어졌다. 과연 이 법적인 선언이 허구에 불과할까? 전혀 그렇지 않다. 소유자가 법적으로 결정되었다면 소유자가 아닌 사람은 그 아파트에서 반드시 나가야만 하며, 소유자로 인정받은 사람은 이제 그 아파트로 들어가 실제로 그곳에서 살 수 있다. 이처럼 법적 선언은 그 선언 당사자들의 실제 삶에 대단히 큰 영향을 미친다.

법정적 칭의 개념도 마찬가지다. 법적으로 의롭다 인정받은 사람은 실생활 속에서 의롭다 인정받은 자답게 살아 내야 한다. 실생활 속에서 불의와 치열하게 싸우며 하나님의 정의와 공의에 입각해 최선을 다해 살아 내야 한다. 법정적 칭의 개념은 허구가 아니다. 법정적 칭의 개념은 현실이요, 실제이며, 실존이다. 야고보서는 이것을 가장 잘 드러내주는 성경이다. 야고보서 2장 14-17절을 보자.

"내 형제들아 만일 사람이 믿음이 있노라 하고 행함이 없으면 무슨 유익이 있으리요 그 믿음이 능히 자기를 구원하겠느냐 만일 형제나 자매가 헐벗고 일용할 양식이 없는데 너희 중에 누구든지 그에게 이르되 평안히 가라, 덥게 하라, 배부르게 하라 하며 그 몸에 쓸 것을 주지 아니하면 무슨 유익이 있으리요 이와 같이 행함이 없는 믿음은 그 자체가 죽은 것이라"(약 2:14-17).

믿음으로 법적 칭의를 누렸다면 당연히 실생활 속에서 그 법적 칭의에 걸맞은 "행함"이 있어야 한다. 의롭다 칭함 받은 자답게 살아 내야 한다. 그러므로 행함이 없는 믿음은 그 자체가 죽은 것이다. 즉 행함이 없는 법적인 칭의는 그 자체로 죽은 칭의다.

■ 핵심 용어 정리 ■

**칭의**
하나님께서 예수 그리스도 안에 있는 자를 죄인이 아니라 의인으로 여기시고, 칭하시고, 일컬어 주시고, 간주해 주신다는 의미이다. 칭의의 근거는 인간의 의가 아니라 예수 그리스도의 완전한 의의 전가이다.

**법정성**
칭의의 확정성과 완결성을 묘사하기 위해 사용하는 표현이다. 법적인 판단 및 결정은 확정성과 완결성을 가진다는 점에 기인한 개념이다. 하나님의 법정에서의 칭의 결정은 불변한 결정이요 확정된 결정이다.

**법적 신분**
칭의 된 자의 신분적 상태를 지칭하는 표현이다. 칭의는 법정적 결정이므로 칭의 받은 자의 신분은 법적으로 보장된 확정된 신분이다. 그 어떤 것도 그리스도의 사랑에 근거한 칭의를 무효화시킬 수 없다(롬 8:39).

## 거룩하게 살게 하신다

지금까지 살펴본 부르심, 거듭남, 회심, 칭의 등은 다 '은혜'에 대한 이야기들이다. 하나님이 은혜로 죄인을 불러 주시고, 은혜로 죄인을 거듭나게 해 주시며, 은혜로 죄인에게 회개와 믿음의 선물을 주시고, 은혜로 죄인을 의롭다 칭해 주신다. 정말로 압도적인 은혜다.

이토록 압도적인 은혜를 받은 사람은 이제 어떻게 살아야 할까? 압도적인 은혜를 '받은 자답게' 살아 내야 한다. 거듭남의 은혜를 받았다면 거듭난 사람처럼 살아야 하며, 믿음이라는 선물을 받았다면 믿음이 있는 사람처럼 살아 내야 하고, 의롭다 칭함을 받았다면 의롭다 칭함을 받은 자답게 살아 내야 한다. 이는 옵션이 아니라 당위다. 반드시 해야 한다. 하지 않으면 안 된다. 이를 '성화'(聖化, sanctification)

라고 부른다. 그러므로 압도적인 은혜를 누린 사람에게 성화는 의무(duty)인 동시에 임무(task)다.

성화의 핵심 원리는 무엇일까? '구별'(區別, distinction)이다. 구별을 쉽게 표현하면 '다름'이다. 구원받은 사람은 아직 구원받지 않은 사람과 비교해 반드시 달라야 한다. 에베소서 5장 26-27절을 보자.

"이는 곧 물로 씻어 말씀으로 깨끗하게 하사 거룩하게 하시고 자기 앞에 영광스러운 교회로 세우사 티나 주름 잡힌 것이나 이런 것들이 없이 거룩하고 흠이 없게 하려 하심이라"(엡 5:26-27).

구원을 받았다는 뜻은 "물로 씻어 말씀으로 깨끗하게 하"는 중생을 경험했다는 뜻이다. 하나님이 우리를 거듭나게 만드시는 이유는 우리를 "거룩하게" 만드시기 위함일 뿐 아니라 "자기 앞에 영광스러운 교회로 세우"시기 위함이기도 하다.

에베소서 본문은 '티나 주름 잡힌 것이 없는 것'을 가리켜 '거룩'이라고 부른다. 그렇다면 구원을 받으면 구원을 받지 않은 자와 비교해 '티나 주름 잡힌 것'이 아예 없을까? 전혀 그렇지 않다. 구원을 받았음에도 불구하고 주님이 재림하셔서 우리가 부활하기 전까지는 여전히 죄인이다. 꼭 기억하자. 죄는 행위의 문제로 접근하기 전에 '마음의 문제'로 먼저 접근해야 한다. 무릇 지킬 만한 것 중에 가장 지켜야 할 것은 마음인데 우리는 마음을 제대로 못 지키니 여전히 죄인이다(잠 4:23). 그렇다면 에베소서 5장 27절의 티나 주름 잡힌 것이 없는 상태를 어떻게 이해해야 할까?

성화는 티나 주름 잡힌 것이 아예 없는 상태를 지칭하는 것이 아니다. 그것은 성화가 아니라 '영화'(靈化, glorification)의 상태다. 영화란 죄와 아예 상관없는 몸으로 우리가 완전히 영광스럽게 변화되는 것을 뜻하는데, 영화는 이 땅에서 벌어지는 일이 아니라 주님의 재림 이후 벌어지게 될 일이다. 그래서 성화는 티나 주름이 아예 없는 상태가 아니라 티나 주름이 잡히지 않도록 '피 흘리기까지 싸워 내는 것'을 지칭한다. 이 싸움에서부터 '다름'이 창출된다. 이 치열한 다툼으로부터 '뚜렷한 다름'이 피어오른다.

예를 들어 보자. 참으로 구원받은 사람이 아무런 양심의 가책도 없이 오랫동안 동일한 죄를 마구잡이로 지을 수 있을까? 참으로 구원받은 사람이 1년 이상 아예 교회에 안 나갈 수 있을까? 참으로 구원받은 사람이 예배 시간에 헌금 바구니가 돌려질 때 헌금을 내는 척하면서 바구니에 손을 집어넣어 헌금을 몰래 빼낼 수 있을까?

물론 인간은 처절한 죄인이므로 그렇게 할 수도 있다. 구원을 참으로 받았음에도 불구하고 죄를 마구잡이로 지을 수도 있고, 오랫동안 교회를 안 다닐 수도 있고, 하나님께 바쳐진 헌금에 손을 댈 수도 있다. 그러나 그렇게 할 때 마음속에서 어떠한 '영적인 갈등'도 전무하다면, 그렇게 한 후에도 하나님 앞에서 그 어떠한 '양심의 가책'도 느끼지 않는다면, 그렇게 한 후에도 정말로 영적으로 '무덤덤'하고 '무감각'하다면, 대단히 조심스러운 이야기이긴 하지만 그런 사람이 과연 참으로 구원받은 사람인지에 대한 고민이 없을 수는 없다. 왜냐하면 참으로 구원받은 사람은 내 안에 티나 주름 잡힌 것이 생길 때 그것을 인식할 수 있는 능력을 가지고 있기 때문이다. 이 인식에서부터 '다름'이 나온다. 이 인식에서부터 성화라는 '구별'이 창출된다.

왜 참으로 구원받은 사람은 이런 '다름'이 생겨날까? 데살로니가후서 2장 13절은 그 이유를 다음과 같이 정확히 묘사한다.

> "주께서 사랑하시는 형제들아 우리가 항상 너희에 관하여 마땅히 하나님께 감사할 것은 하나님이 처음부터 너희를 택하사 성령의 거룩하게 하심과 진리를 믿음으로 구원을 받게 하심이니"(살후 2:13).

우리에게 '다름'을 주시는 분은 성령 하나님이시다. 구원받은 자에게는 성령 하나님이 함께하신다. 그리고 성령께서 "우리의 연약함을 도우시"고 말할 수 없는 탄식으로 "우리를 위하여 친히 간구"하신다(롬 8:26).

이 데살로니가후서 본문에서 특히 주목할 부분은 "거룩하게 하심"을 "성령"과 연결시킨 부분이다. 이 본문은 삼위일체 본문이기도 한데, '처음부터 우리를 택하신 분'은 성부 하나님이시며, 믿음으로 구원을 받기 위해서는 '진리'를 믿어야 하는데 이 진리가 성자 하나님이시고, 구원받은 사람은 거룩한 삶을 살게 되는데 거룩하게 하시는 역할은 성령 하나님의 역할임을 적시하고 있다.

성화가 성령의 역할이긴 하지만 우리의 역할과 책임이 아예 거세되는 것은 아니다. 그 이유는 성령 하나님은 '우리와 함께' 일하시며, '우리를 통해' 일하시고, '우리 안에서' 역사하시는 거룩한 영이시기 때문이다. 로마서 8장 12-14절을 살펴보자.

> "그러므로 형제들아 우리가 빚진 자로되 육신에게 져서 육신대로 살 것이 아니니라 너희가 육신대로 살면 반드시 죽을 것이로되 영으로써 몸의 행실을 죽이면 살리니 무릇 하나님의 영으로 인도함을 받는 사람은 곧 하나님의 아들이라"(롬 8:12-14).

성령 하나님과 함께하는 사람은 "육신에게 져서 육신대로 살"면 안 된다. 영으로써 "몸의 행실을 죽이면" 산다. 성령과 더불어 바로 우리가 몸의 행실을 죽여야 한다. 이는 마치 어린아이가 자전거를 배우는 것과 같다. 아빠가 뒤에서 자전거를 잡아 준다. 앞에 앉은 아이는 연신 외친다. "아빠, 절대 손 놓으면 안 돼! 손 놓으면 나 넘어져! 꼭 붙잡고 있어야 해!" 뒤에서 자전거를 잡은 아빠는 "알았어, 걱정 말고 페달이나 밟아. 손 안 놓을게"라고 말은 하지만 어느 순간 자전거에서 살며시 손을 뗀다. 그러면 처음에는 갈지자를 그리며 곧 넘어질 듯 휘청휘청하던 자전거가 점점 안정을 찾고, 아이는 아빠의 손 없이도 페달을 조심스럽게 밟으며 앞으로 나가기 시작한다.

성화도 마찬가지다. 성령 하나님이 도와주신다("하나님의 영으로 인도함을 받는"). 하지만 우리도 페달을 밟아야 한다. 우리가 "몸의 행실을 죽"여야 한다. 아빠의 도움 없이 혼자 페달을 밟는 일은 처음에는 무섭고 떨리지만 스스로 자전거를 타려면 반드시 해야 하는 일이다. 처음으로 혼자서 페달을 밟고 나가는 아이 옆에는 흐뭇한 미소로 자녀를 바라보는 아빠가 서 있다. 행실을 죽이기 위해 노력하는 우리 옆에 성령 하나님이 늘 계신 것처럼 말이다.

■ **핵심 용어 정리** ■

### 성화
'거룩하게 되어감'이라는 뜻이다. 칭의 된 자의 법적 지위는 '하나님의 자녀'다. 하나님의 자녀가 되었다면 하나님의 자녀답게 살아 내야 한다. 하나님 아버지가 거룩하니 그의 자녀들도 거룩해야 한다(레 11:45).

### 의무와 임무
거룩함으로의 부르심은 해도 되고 하지 않아도 되는 식의 옵션이 아님을 묘사하는 표현이다. 성화는 신자로서 반드시 해야 하는 의무이며, 실패하지 말아야 할 임무이기도 하다. 성경은 구원받은 자를 가리켜 '군인'으로 묘사한다(딤후 2:3). 군인은 의무와 임무를 게을리해서는 안 될 자다.

### 구별
'다름'이라는 뜻이다. 부르심, 거듭남, 회심, 칭의의 은혜를 누린 사람이라면 이제 '다른 삶'을 살아야 한다. 구별된 삶이 핵심이다. 세상과 구별되지 않으면 세상과 유유상종(類類相從)이라는 말이니 전혀 영향력이 없다. 신자의 영향력은 세상과의 다름에서부터 나온다.

## 끝까지 책임지신다

어릴 때 아빠, 엄마 손을 붙잡고 등산을 참 많이 갔다. 높은 산에도 갔고 낮은 산에도 갔다. 등산은 쉽지 않은 일이다. 가파른 산등성이를 맨몸으로 올라가는 일은 결코 쉽지 않다. 중간 정도 올라가다 보면 포기하고 싶을 때가 반드시 찾아온다. 무릎과 종아리가 아파지고 호흡도 가빠지며 온몸이 땀으로 뒤범벅되어 불쾌지수까지 확 높아진다. 그때 포기하면 산 정상에 다다를 수 없다. 그때 포기하면 정상에 올라가 시원한 바람을 맞으며 광활한 대지를 마음껏 목도할 수 있는 귀한 기회를 절대 누릴 수 없다.

구원도 마찬가지다. 구원은 은혜로 받지만 은혜로 구원받은 자는 은혜받은 자답게 살아야 하는 의무와 임무가 생긴다. 마치 등산과도 같다. 신앙생활을 제대로 한다는 것은 참으로 쉽지 않은 일이다. 구별을 폄하하고 무시하는 이 시대 속에서 '구별'된 삶을 산다는 것은 큰 신앙적 용기가 필요한 일이다. 그래서 다들 포기하고 싶어 한다. 적당히 하고 싶어 한다. 산 중턱에서 포기하고 싶은 이때 포기하지 않도록 하나님이 은혜를 베푸시는 것을 가리켜 '견인'(堅忍, perseverance)이라고 부른다.

구원론에서의 견인 개념은 '견인차' 개념이 아니다. 견인차 개념의 신학적 문제는 견인차가 망가진 자동차를 일방적으로 끌고 간다는 데 있다. 하나님은 우리를 일방적으로 끌고 가시지 않는다. 하나님은 '우리를 통해' 일하시고 '우리와 함께' 일하기를 즐겨 하시는 분이다. '견인'이라는 단어는 '굳을 견'(堅)과 '참을 인'(忍)의 조합으로 '굳건히 오래 참음'을 뜻한다. 하나님은 험산 준령에 올라가는 신자들에게 '굳건할 수 있는 은혜'와 '오래 참을 수 있는 은혜'를 베풀어 주신다. 하나님은 "옛다, 구원 먹어라. 이제 알아서 살아남아 봐라!"라는 식으로 무책임하게 구원을 주시는 분이 아니다. 하나님은 구원을 주시고 그 구원을 끝까지 책임도 지신다. 이것이 바로 견인의 은혜다. 로마서 8장 38-39절 말씀을 살펴보자.

"내가 확신하노니 사망이나 생명이나 천사들이나 권세자들이나 현재 일이나 장래 일이나 능력이나 높음이나 깊음이나 다른 어떤 피조물이라도 우리를 우리 주 그리스도 예수 안에 있는 하나님의 사랑에서 끊을 수 없으리라"(롬 8:38-39).

그 어떤 것도 우리를 "그리스도 예수 안에 있는 하나님의 사랑에서 끊을 수 없"다. 사망도 하나님의 대적이 될 수 없다. 그 어떤 권세자도 불가능하다. 그 어떤 높음이나 깊음도 우리를 구원의 산등성에서 영원토록 끌어내릴 수 없다. 하나님이 책임지시고 우리에게 견디고 인내할 은혜를 베풀어 주신다.

사실 교회 역사 속에서 "받은 구원에서 탈락할 수 있는가, 없는가?"를 가지고 지난한 신학 논쟁을 벌였다. 이 논쟁은 여전히 현재 진행형이다. 즉 논쟁의 쟁점은 견인의 은혜가 있느냐, 없느냐로 압축된다. 만약 구원의 시작이 인간이라면 구원에서 탈락할 수 있다. 왜냐하면 인간으로부터 시작된 구원은 유한할 것이고, 변할 것이며, 완벽하지 않을 것이기 때문이다. 그러므로 인간으로부터 시작하는 구원론을 적극적으로 펼치면, 인간이 제대로 하지 않을 경우 구원에서 탈락 가능할 수 있는 논리로 당연히 귀결된다.

하지만 앞서 일관적으로 살펴본 바대로, 구원의 시작이 인간이 아니라 하나님이시라면 그 구원은 절대로 사라지지 않을 구원일 수밖에 없다. 그 이유는 구원을 주시는 분이 영원하시고 불변하시고 완전한 하나님이시라면, 그분이 주시는 구원도 영원하고 불변하고 완전할 것이기 때문이다. 에베소서 1장 13-14절을 한번 살펴보자.

"그 안에서 너희도 진리의 말씀 곧 너희의 구원의 복음을 듣고 그 안에서 또한 믿어 약속의 성령으로 인치심을 받았으니 이는 우리 기업의 보증이 되사 그 얻으신 것을 속량하시고 그의 영광을 찬송하게 하려 하심이라"(엡 1:13-14).

이 본문에서 견인의 은혜와 관련해 주목할 표현은 두 가지인데 "인치심"과 "보증"이다. '인치심'이라는 번역의 헬라어 단어는 '스프라기조'(σφραγίζω)인데 '인봉하다'(seal up), '확증하다'(certify) 등의 의미를 가지고 있다. 이 단어가 주는 인상은 '도장'을 찍는 것이다. 도장을 찍는다는 의미는 '확정적'이라는 뜻이다. 이처럼 구원은 언제 또 바뀔지 모르는 유동적인 것이 아니라 오히려 신실하신 하나님이 구원의 '도장'을 확정적으로 찍어 주시는 것이다.

구원은 이렇게 확정적으로 인쳐진 것일 뿐만 아니라 동시에 이 인쳐진 것이 우리에게 "보증"까지 된 것이다. 사실 함부로 보증을 서면 안 된다. 보증을 잘못 서면 패가망신은 시간문제다. 하지만 구원의 보증은 성령 하나님이 서 주신다. 실패할 수 없는 보증이고 뒤바뀌지 않을 보증이다. 이처럼 구원은 성령 하나님이 인을 쳐서 보증하시는 복된 선물이기 때문에 구원에서 탈락할 수 있다거나 구원의 운명은 얼마든지 뒤바뀔 수 있다고 말하는 것은 옳지 않다.

참된 신자라면 이제 힘들어도 산에 올라가야 한다. 힘들어도 포기하지 않고 올라가다 보면 신앙의 근육이 생기고 신앙의 심폐지구력이 강화된다. 계속 올라가다 보면 어느새 산을 능숙하게 탈 수 있는 노하우도 생기고 험산 준령의 지리까지도 어느 정도까지 파악할 수 있게 된다. 신앙의 실력이 쌓이다 보면 지는 습관이 이기는 습관으로 거듭나게 될 것이다. 함께 로마서 8장 30-32절 말씀을 보자.

"또 미리 정하신 그들을 또한 부르시고 부르신 그들을 또한 의롭다 하시고 의롭다 하신 그들을 또한 영화롭게 하셨느니라 그리스도의 사랑 하나님의 사랑 그런즉 이 일에 대하여 우리가 무슨 말 하리요 만일 하나님이 우리를 위하시면 누가 우리를 대적하리요 자기 아들을 아끼지 아니하시고 우리 모든 사람을 위하여 내주신 이가 어찌 그 아들과 함께 모든 것을 우리에게 주시지 아니하겠느냐"(롬 8:30-32).

우리를 부르시고 의롭다 하시고 영화롭게 하시는 분이 "우리를 위하시"는데 그 누가 우리를 대적할 수 있을까? 자기 아들을 아끼지 않으시고 내주신 이가 무엇을 우리에게 주시지 않을 수 있을까? 하나님은 하나님 스스로 시작한 구원을 끝까지 책임지실 것이다. 그러므로 구원은 시종일관 은혜다. 은혜로 시작해 은혜로 마친다.

■ 핵심 용어 정리 ■

**견인**
'견디고 인내함'이라는 뜻이다. 하나님은 자신이 시작한 구원을 쉽게 포기하지 않으신다. 하나님은 자신이 시작한 구원을 끝까지 이루시는 분이다. 구원을 이루시기 위해 자기 자녀들에게 '견디고 인내할 수 있는' 은혜를 베풀어 주신다.

**인침**
구원의 확정성을 묘사할 때 사용되는 표현이다. 인을 친다는 것은 도장을 찍는다는 의미이다. 구원은 성령 하나님께서 인치셔서 우리에게 확정적으로 주신 선물이다. 이 도장에는 하나님의 명예와 영광이 서려 있기 때문에 그 어떤 것도 이 인침을 무효화 할 수 없다.

**보증**
신자의 구원을 향한 하나님의 자세와 태도를 묘사하는 표현이다. 하나님은 신자의 구원을 무책임하게 나 몰라라 하지 않으신다. 하나님은 신자의 구원을 전인격적으로 보증하시고 신실하게 그 보증을 지키시는 분이시다.

### 한 장으로 정리하는 교리

**구원은 공로로 받는 것이 아니라 은혜로만 받는다.**

구원은 은혜로만 받는다. 구원은 보상을 받는 개념이 아니다. 보상은 조건부 논리이다. 한 만큼 받고 덜 하면 덜 받는 비례적 논리이다. 하지만 구원은 그렇지 않다. 구원은 무조건적인 은혜로만 받는다. 그러므로 그 어떤 사람도 받은 구원을 자랑할 수 없고, 그 누구도 자신의 행위를 뽐낼 수 없으며, 그 누구도 구원에 있어서는 교만할 수 없다. 절대 불가능하다.

**구원은 하나님의 부르심, 거듭남, 회심, 칭의의 은혜로 시작한다.**

구원의 시작은 하나님의 부르심이다. 이 부르심은 신적 부르심이다. 그러므로 구원의 시작은 철저히 은혜이다. 하나님께서 복음의 말씀으로 죄인을 불러 주시면, 죄인의 본성 안에 거듭남의 참된 씨앗이 뿌려진다. 본성의 거듭남을 통해 마음을 돌이키는 회심이 일어나게 되고 비로소 회개와 믿음이 피어오르게 된다. 믿음을 통해 의롭다고 칭함을 받아 법적인 지위와 신분이 하나님의 자녀로 인정받게 된다. 이 모든 것은 하나님의 은혜요 긍휼이다.

**은혜로 구원받은 사람은 받은 구원에 합당한 성화와 견인의 삶을 살아야 한다.**

하나님께서 베푸신 은혜를 '값싼 은혜'로 전락시켜서는 안 된다. 은혜로 하나님의 자녀가 되었다면 이제 마땅히 하나님의 자녀답게 살아 내야 한다. 구원받은 자답게 거룩한 삶을 위해 정진해야 한다. 세상의 가치관과는 다른 가치관을 탑재한 채 구별된 삶을 살아 내야 한다. 물론 죄의 유혹이 너무 심해서 성화가 더디고 힘들 것이다. 그때 하나님은 견인의 은혜를 베풀어 주신다. 하나님은 자기 자녀를 절대로 버리시거나 포기하지 않으신다. 하나님은 끝까지 자기 자녀를 지키시고 보호해 주실 것이다.

기독교의 구원론은 곧 은혜론이다. 은혜를 무조건적으로 받았다면 이제 우리에게 남은 일은 받은 은혜에 대한 합당하고도 마땅한 반응이다.

■ 묵상 및 토론 질문 ■

1. 왜 '행위'로는 구원받을 수 없을까? 왜 '은혜로만' 구원을 받아야 할까? 이에 대해 생각해 보고 같이 나눠 보라.
2. 구원의 논리적 여정은 소명(부르심), 중생(거듭남), 회심(회개와 믿음), 칭의, 양자, 성화, 견인이다. 나는 이런 여정을 경험했던 기억이 있는가?
3. 기독교의 구원론은 은혜론이다. 만약 은혜를 받았다면 받은 은혜에 대해 어떤 합당하고도 마땅한 반응을 했는가?

## 교회론

6장 구원론을 통과한 사람이 한두 명 모이면 교회가 된다. 7장은 그리스도의 몸 된 거룩한 유기체인 '교회'에 대해 다룬다. 우리의 문제는 교회에 다니는데 정작 교회가 무엇인지 모르고 다니며, 예배를 드리는데 정작 예배가 무엇인지 모르고 드린다는 점이다. 7장 내용을 통해 교회의 본질, 속성, 예배, 설교, 세례, 성찬, 성도의 교제가 정확히 무엇인지 파악하게 될 것이다. 교회가 많이 무너져 있다. 교회가 많이 아프다. 이번 장을 통해 교회가 다시금 굳건히 세워지길 소망한다.

# 7장

# 두세 사람이 내 이름으로 모인 곳에는

"두세 사람이 내 이름으로 모인 곳에는 나도 그들 중에 있느니라"(마 18:20).

## 교회는 몸이다

예전에 머리가 깨질 듯 아파서 병원에 갔다. 분명 뇌혈관 쪽에 문제가 있지 않고서는 이렇게 머리가 아플 수 없다고 생각해서 그쪽을 봐 달라고 의사 선생님께 말씀드렸다. 그런데 선생님이 내 몸 구석구석을 진찰하고 검사해 보시더니 전혀 예상치 못한 말씀을 하시는 게 아닌가. 머리 쪽에 문제가 있기보다는 오히려 목이나 허리 쪽에 궁극적인 문제가 있다는 이야기였다. 요추 주변부가 경직되어 경추 주변부에 영향을 미쳤고, 경추 쪽 근육의 긴장 때문에 목으로 그 뻣뻣함이 타고 올라와서 결국 경직성 두통이 생겼다는 것이었다. 당연히 머리 쪽을 치료할 줄 알았는데 예상과 달리 허리와 목 부위를 치료하니 신기하게도 두통이 씻은 듯이 없어졌다. 놀라운 일이 아닐 수 없었다.

이처럼 인간의 몸은 신기하다. 서로 오밀조밀하게 얽히고설켜 허리가 아프면 목이 아프고, 목이 아프면 머리가 아프다. 말 그대로 유기체(有機體)다. 머리를 정점으로 모든 지체가 '한 몸'을 이룬다. 인간의 몸은 이처럼 통일체이며 연합체다. 교회도 마찬가지다. 교회는 몸이다. 그리스도의 몸이다. 골로새서 1장 18절을 살펴보자.

"그는 몸인 교회의 머리시라 그가 근본이시요 죽은 자들 가운데서 먼저 나신 이시니 이는 친히 만물의 으뜸이 되려 하심이요"(골 1:18).

이 본문에서 "그"는 '예수 그리스도'를 지칭한다. 교회는 그리스도의 몸이요 그리스도는 동시에 교회의 머리이시다. 그리스도가 교회의 머리시기 때문에 그리스도가 교회의 "근본"이고 교회의 "으뜸"이시다. 그러므로 특정 담임 목회자도 교회의 머리가 될 수 없고, 특정 유력 직분자도 교회의 머리가 될 수 없다. 특정 교단이나 특정 교파의 지도자도, 멋지게 건축한 교회 건물도, 빵빵한 교회 재정도, 교인 숫자도 교회의 머리가 될 수 없다. 교회의 머리는 오로지 예수 그리스도뿐이시다. 그분만이 근본이시요 그분만이 으뜸이시다.

예수 그리스도께서 교회의 머리시면 우리는 그분의 지체다. 고린도전서 12장 12-13절 말씀을 살펴보자.

"몸은 하나인데 많은 지체가 있고 몸의 지체가 많으나 한 몸임과 같이 그리스도도 그러하니라 우리가 유대인이나 헬라인이나 종이나 자유인이나 다 한 성령으로 세례를 받아 한 몸이 되었고 또 다 한 성령을 마시게 하셨느니라"(고전 12:12-13).

한 인체(人體)를 이루는 수많은 구성 요소가 있다. 골격계, 근육계, 순환계, 호흡계, 소화계, 신경계, 피부계, 비뇨기계, 생식계 등 다양한 구성 요소가 서로 건강하게 하나의 유기체를 이룰 때 비로소 건강한 한 인간으로 살아갈 수 있게 된다. 교회도 마찬가지다. 고린도전서 본문이 잘 말하고 있는 것처럼, 몸은 하나다. 지체는 많다. 그러나 아무리 지체가 많아도 그 지체는 다 '한 몸' 안에 존재한다.

심장이 아무리 마음에 안 들어도 몸에서 당장 떼 버릴 수 없다. 심장을 떼는 순간 그 몸은 죽는다. 폐가 아무리 마음에 안 들어도 몸에서 당장 떼어 낼 수 없다. 폐를 떼는 순간 그 몸은 죽는다. 교회 안에 있는 모든 사람은 다 '한 몸' 안에 있는 다양한 '지체'다. 마음에 들지 않는다고 해서 바로 축출해 제거해 버릴 수 없다. 사실 그렇게 해서는 안 된다. 그 이유는 '한 몸'이기 때문이다.

이 고린도전서 본문은 교회 안에는 유대인, 헬라인, 종, 자유인, 즉 서로 다른 사회적 계급을 가진 사람들이 모여 있다고 말하며, 심지어 이 모든 계급이 "다 한 성령으로 세례를 받아 한 몸"이 되었다고 말하고 있다. 이는 대단히 파격적인 내용이다. 특히 사회 계급 제도가 존재했던 그 당시 사회적 정황으로 비추어 보건대 이 본문은 참으로 파격적인 본문이 아닐 수 없다.

그러므로 교회가 가장 경계해야 할 것은 바로 '분열'이다. 뇌와 심장과 폐가 서로 분열되면 어떻게 되겠는가? 뇌가 손과 발에게 명령을 내렸는데 손과 발이 자기 멋대로 행동한다면 어떻게 되겠는가? 그것이 바로 정신 분열이고, 그것이 바로 정신 착란이다. 바울 사도는 '분열'을 우상 숭배, 주술, 원수 맺는 것, 분쟁, 시기, 분 냄, 당 짓는 것, 이단과 같은 수준의 대단히 심각한 문제로 여겼다(갈 5:20). 교회는 분열해서는 안 되고 연합해야 한다. 그 이유는 '한 몸'이기 때문이다.

교회가 '한 몸'이 되기 위해서 반드시 전제되어야 할 것이 하나 있다. 마태복음 18장 20절 말씀이다.

"두세 사람이 내 이름으로 모인 곳에는 나도 그들 중에 있느니라"(마 18:20).

'한 몸'이 되기 위해서는 최소한 머리가 '하나'여야만 한다. '예수 그리스도의 이름으로 모이는 것'이 교회가 '한 몸'이 되기 위한 핵심 전제다. 즉 '신앙 고백'이 같아야 한다. 그래야 같은 교회다. 저마다 서로 다른 성경론을 고백하고, 저마다 서로 다른 신론, 인간론, 기독론, 구원론, 교회론, 종말론을 고백한다면 절대로 '한 몸' 된 교회가 될 수 없다. 절대 불가능하다.

이 책의 첫 장의 내용이 기억날지 모르겠다. 이 책의 첫 장에서 신학을 '나침반'이라고 칭했다. 생각해 보자. 서로 다른 눈금과 각도와 기준을 가지고 있는 나침반을 저마다 각각 가지고 있다면, 과연 최종 목적지까지 같이 갈 수 있을까? 각자 다른 방향을 가리키는 나침반을 가지고 출발하면 반드시 서로 다른 목적지로 향해 갈 수밖에 없다. 그만큼 신학이 중요하다. 신학을 체득화해서 입술과 삶으로 고백하는 것이 '신앙 고백'이다. 그러므로 "두세 사람이 내 이름으로 모인 곳"에만 교회가 있다. 예수 그리스도를 '같은 주'로 고백하지 않는 한 절대 '한 몸'이 될 수 없다.

■ **핵심 용어 정리** ■

**유기체**
교회의 본질을 표현하는 용어로 교회는 그리스도를 머리에 두고 성도들은 그 지체가 되어 함께 연합하는 영적 실체를 의미한다. "형제가 연합하여 동거함"은 참으로 "선하고 아름다운" 것이다(시 133:1).

**그리스도의 몸**
교회의 존재성을 묘사하는 용어로 교회를 세우신 분이 그리스도시며 그리스도를 주로 고백하는 사람들이 유기적으로 연합하는 통일성을 지칭하는 표현이다. 교회는 그리스도의 '한 몸 된 공동체'이기 때문에 서로가 서로를 돌봐야 하며 서로가 서로를 끌어 주어야 한다.

**교회의 머리**
'교회의 주인'에 대한 묘사이다. 교회의 주인은 담임목사도 아니요 총회장도 아니다. 교회의 주인은 예수 그리스도시다. 그 이유는 교회의 머리가 그리스도시며 교회는 그리스도의 명령만 따라야 하기 때문이다.

## 교회는 상처다

 교회는 '한 몸'인데 왜 이렇게 교회 안에는 분열이 많을까? 왜 교인과 교인이 싸우고, 교인과 목사가 싸우고, 목사와 장로가 싸우고, 목사와 목사가 서로 싸울까? 왜 '한 몸'인 교회 안에 있는 지체들이 이토록 치열하게 싸우고 또 싸울까?

 그 이유를 알기 위해서는 교회의 이중적 정의 개념을 알 필요가 있다. 교회를 정의 내리는 방식은 아주 다양하다. 이런 다양한 방식 중 하나가 교회를 '가시적 교회'(visible church)와 '불가시적 교회'(invisible church)로 이중적으로 이해하는 것이다. 가시적 교회는 현재 이 땅에 존재하는 교회를 뜻하며, 불가시적 교회는 그리스도의 재림 이후에 새 하늘과 새 땅에서 온전히 완성될 교회를 뜻한다. 그러므로 가시적 교회는 현재 눈에 보이는 유형교회이며, 불가시적 교회는 아직 눈에 보이지 않는 무형교회다.

'한 몸'인 교회가 여전히 분열되고 싸우는 이유는 가시적 교회와 불가시적 교회가 가지고 있는 기본적인 속성 때문이다. 핵심은 이 땅에 있는 가시적 교회는 불완전한 교회이지만, 앞으로 완성될 교회는 완전한 교회라는 점이다. 그렇다면 가시적 교회는 왜 불완전한 교회일까? 마태복음 7장 15절을 살펴보자.

"거짓 선지자들을 삼가라 양의 옷을 입고 너희에게 나아오나 속에는 노략질하는 이리라"(마 7:15).

이 땅에 존재하는 가시적 교회의 특성은 교회 안에 참 선지자도 있고 거짓 선지자도 있다는 점이다. 분명 "이리"인데 "양"의 옷을 입고 표리부동하게 교회 안에 거룩한 척 앉아 있을 수 있다. 가시적 교회 안에는 신자도 있지만 동시에 불신자도 있다. 가시적 교회 안에는 거듭난 자도 있지만 동시에 아직 거듭나지 않은 자도 있다. 물과 기름은 섞이지 않는다. 가시적 교회가 그렇다. 같은 신앙 고백을 해야 같은 '한 몸'인데 겉으로는 같은 고백을 하지만 속으로는 아예 다른 신앙 고백을 할 수도 있다. 그러므로 싸운다. 물과 기름처럼 좀처럼 섞이지 않는다.

마태복음 본문에서 "노략질하는"으로 번역된 헬라어 단어는 '하르

파스'(ἅρπαξ)인데 그 뜻은 '속여 빼앗는'(mulct), '탐욕스러운'(rapacious), '굶주린'(ravenous) 등의 부정적인 의미를 한껏 가지고 있는 단어다. 탐욕스럽고 굶주린 이리가 교회 안으로 들어온 이유는 순진한 양들을 속여 그들의 건강과 재산을 빼앗기 위함이다. 서로 속이고 속고 서로 뺏기고 뺏기에 바쁘니 한 몸이 갈기갈기 찢긴다. 분열된다. 서로 상처를 주고받는다. 이것이 바로 가시적 교회의 민낯이다.

가시적 교회를 신뢰해서는 안 된다. 가시적 교회는 우리의 궁극적인 신뢰의 대상이 될 수 없다. 가시적 교회 안에 있지만 우리의 시선은 앞으로 완성될 참된 교회인 불가시적 교회에 두어야 한다. 불가시적 교회를 고대하고, 불가시적 교회를 신뢰하며, 불가시적 교회를 사모해야 한다. 그 이유는 불가시적 교회가 종국에 완전하게 완성될 교회이기 때문이다. 에베소서 1장 10절 말씀을 살펴보자.

"하늘에 있는 것이나 땅에 있는 것이 다 그리스도 안에서 통일되게 하려 하심이라"(엡 1:10).

이 땅에 존재하는 가시적 교회 안에는 노략질하려는 이리가 날카로운 이빨을 감춘 채 양의 옷을 입고 온순해 보이는 모습으로 호시탐탐 기회를 노리고 있기 때문에 쉽게 '통일'을 이루기 어렵다. 하지만 앞으로 완성될 불가시적 교회에서는 '참된 통일'이 성취될 것이다. 하늘에 있는 것이나 땅에 있는 것이나 모든 것이 다 "그리스도 안에서 통일"될 것이다. 그리스도는 교회의 머리시기 때문에 교회의 머리 안에서 모든 교회의 지체들이 진정한 의미의 '통일'을 이루게 될 것이다. 분열도 없고, 반목도 없고, 갈등도 없을 것이다. 참된 통일만 있을 것이다. 그리스도 안에서 통일된 교회의 모습에 대해 에베소서 5장 27절은 다음과 같이 묘사한다.

"자기 앞에 영광스러운 교회로 세우사 티나 주름 잡힌 것이나 이런 것들이 없이 거룩하고 흠이 없게 하려 하심이라"(엡 5:27).

그리스도 안에서 통일된 불가시적 교회의 모습은 그 어떤 티나 주름도 없는 교회일 것이고 한없이 거룩하고 흠이 전혀 없는 "영광스러운 교회"일 것이다.

현재 많은 사람이 교회에 실망해 교회를 떠나고 있다. '가나안 성도'가 너무나도 많아지고 있다. '가나안'을 거꾸로 하면 '안나가'다. 신앙은 있다고 하지만 정작 교회에는 '안 나가'는 사람들이 부지기수로 늘어 가고 있다. 하지만 교회에 실망할 필요는 없다. 왜냐하면 이 땅에 존재했든, 현재 존재하고 있든, 앞으로도 이 땅에 존재할 교회는 여전히 가시적 교회이므로 탐욕스러운 이리들이 양들을 집어삼키기 위해 늘 존재할 것이기 때문이다.

그러므로 이 땅에 있는 교회에 소망을 품어서는 안 된다. 오히려 교회를 향한 우리의 모든 소망은 앞으로 영광스럽게 완성될 불가시적 교회에 오롯이 두어야 한다. 그때 교회의 영광스러움이 온전히 회복될 것이다.

■ **핵심 용어 정리** ■

**가시적 교회**
현재 이 땅에 존재하는 교회를 가리키는 표현이다. 이 땅에 존재하는 교회는 택자와 불택자가 섞여 있는 불완전한 유형교회이다. 그러므로 늘 갈등과 반목과 분열이 일어난다. 가시적 교회는 영원히 지속되지 않는다.

**불가시적 교회**
앞으로 온전히 완성될 교회를 가리키는 표현이다. 그리스도의 재림 이후에 펼쳐지게 될 새 하늘과 새 땅에 존재하게 될 교회는 완전한 무형교회일 것이다. 불가시적 교회에는 선택받은 자만 모인다. 불가시적 교회는 영원히 지속될 교회이다.

**가나안 성도**
신조어(新造語)로 신앙은 있지만 교회를 '안나가'는 성도를 역방향으로 읽은 표현이다. 가시적 교회의 불완전함 때문에 가나안 성도가 돼서는 안 된다. 그 이유는 가시적 교회는 늘 타락했고 늘 왜곡되어 있기 때문이다.

## 교회는 예배다

교회를 오래 다니면 다닐수록 이상한 일들이 많이 벌어진다. '교회에 가는 이유'가 희석되고 왜곡되고 뒤틀리게 된다. 교회에 가는 이유가 '교회에서 주일학교 교사를 맡았기 때문'이고, '교회 식당에서 주일 점심을 준비해야 하기 때문'이고, '교회 찬양대원이기 때문'이고, '각종 찬양팀에서 악기를 연주해야 하기 때문'이고, '주차 봉사 및 차량 봉사를 해야 하기 때문'으로 변질되었다. 물론 교회에서의 봉사활동은 은혜받은 신자로서 마땅히 해야 할 반응이다. 하지만 봉사활동이 교회를 가는 핵심 이유는 아니다.

교회에 가는 이유는 '예배'하기 위함이다. 교회 생활의 핵심 방점은 예배에 찍혀야 한다. 주일학교 교사, 식당 봉사, 찬양대 활동, 찬양

팀 활동, 주차 봉사, 차량 봉사를 너무 열심히 하다 보니까 결국 예배 시간에는 너무 졸려 주무신다. 주객전도(主客顚倒)다. 절대 안 된다. 교회 봉사는 예배 때 충만히 받은 은혜로 해야 한다. 예배 때 은혜를 충만히 받지 못하면 교회 봉사는 율법주의가 되어서 우리를 옭아매는 족쇄와 멍에가 될 것이다.

왜 예배가 중요할까? 시편 29편 1-2절을 살펴보자.

"너희 권능 있는 자들아 영광과 능력을 여호와께 돌리고 돌릴지어다 여호와께 그의 이름에 합당한 영광을 돌리며 거룩한 옷을 입고 여호와께 예배할지어다"(시 29:1-2).

예배가 중요한 이유는 우리 인간이 '예배하기 위해' 태어났기 때문이다. 시편 저자가 정확히 노래하고 있는 것처럼, 여호와의 이름이 무엇인지 아는 사람이라면 예배하지 않을 수 없다. 여호와 하나님의 존재와 사역을 깨달은 사람은 하나님 앞에 영광을 돌리지 않을 수 없다. 이사야 43장 21절도 함께 살펴보자.

"이 백성은 내가 나를 위하여 지었나니 나를 찬송하게 하려 함이니라"(사 43:21).

하나님이 우리를 지으신 이유는 우리로 하나님을 "찬송하게 하려 함"

이다. "찬송"으로 번역된 히브리어는 '테힐라'(תְּהִלָּה)인데 '칭찬'(praise), '영광'(glory), '감사'(thanksgiving) 등의 의미를 한껏 담고 있는 참으로 아름다운 단어. 하나님의 영광스러움을 맛본 사람은 하나님께 무한한 칭찬과 감사를 올려드리지 않을 수 없다. 그러므로 예배하면 인간이다. 예배하지 않으면 인간이 아니다.

예배의 형식은 크게 두 가지가 있는데 '공예배'가 있고 '삶의 예배'가 있다. 공예배란 교회에서 공적으로 함께 드리는 예배를 뜻하는데 주일 오전(혹은 낮) 예배가 대표적인 공예배다. 삶의 예배는 교회 밖에서 드리는 예배로서 가정, 직장, 학교, 사회 등 어디에 있든지 '그 있는 자리가 곧 예배의 자리'라는 인식을 가진 채 하나님 앞에서 예배자의 모습으로 살아가는 것을 뜻한다.

문제는 공예배 한 번만 드리면 예배를 다 드렸다고 생각하는 실용주의적 마인드다. 교회 안에 이런 형태의 실용주의가 깊숙이 들어와 있다. 어떤 사람은 한 해가 새롭게 시작될 때 드리는 '신년예배' 한 번 드리고, 한 해가 마무리될 때 드리는 '송구영신예배' 한 번 드리면 1년 치 예배 농사는 다 지었다고 스스로 만족하기도 한다. 절대 그렇지 않다. 예배는 공예배를 기반으로 삶의 예배를 아름답게 만들어 가는 데에 방점을 찍어야 한다.

혹자는 자녀들의 신앙 교육을 교회한테 전적으로 위탁하는 경우도 있다. 이것도 문제다. 아이들은 일주일 동안 기껏해야 교회에 한두 번 정도 나온다. 예배 시간도 1시간 내외다. 일주일에 한두 번, 한두 시간 남짓 예배하는 것으로 아이들의 신앙 교육이 형성될 수 없다. 핵심은 '삶의 예배'다. 아이들이 하루 24시간 동안에 어떤 삶의 예배를 드리는지를 부단히 체크하는 몫은 오롯이 부모에게 있다. 그러므로 부모와 자녀는 함께 삶의 예배를 형성해 나가야 하는 예배 파트너요 예배 동반자다. 로마서 12장 1절 말씀을 살펴보자.

"그러므로 형제들아 내가 하나님의 모든 자비하심으로 너희를 권하노니 너희 몸을 하나님이 기뻐하시는 거룩한 산 제물로 드리라 이는 너희가 드릴 영적 예배니라"(롬 12:1).

하나님이 기뻐하시는 예배는 우리의 "몸을 하나님이 기뻐하시는 거룩한 산 제물"로 드리는 예배다. 교회 예배 속에서는 영적으로 살아 있지만 교회 밖을 나가는 순간 영적으로 죽은 사람이 돼서는 정말로 곤란하다. 공예배 가운데 영적인 생명을 공급받아 교회 밖으로 나가서 "하나님이 기뻐하시는 거룩한 산 제물"로 우리의 몸을 드려야 한다.

"산 제물"이라고 말할 때 '산'이라는 번역의 헬라어 단어는 '자오'(ζάω)인데 그 뜻은 '살아나다'(be lively) 혹은 '살다'(live)이다. 살아 있는 사람은 움직인다. 학교도 가고 직장도 가고 마트도 가고 놀이동산도 간다. 살아 있는 사람이 가는 모든 곳은 다 예배 장소가 된다. 학교도 직장도 마트도 놀이동산도 살아 있는 사람에게는 다 예배 장소다. 어느 곳에 있든지 그곳에서 "하나님이 기뻐하시는 거룩한 산 제물"로 자기 몸을 드려야 한다. 그러므로 예배는 교회 예배당 안에서만 드리는 것이 아니라 교회 예배당 밖 어디서든지 거룩한 산 제물로 드릴 수 있다. 이처럼 예배는 시공간을 초월한다. 예배 받기에 합당하신 여호와 하나님이 시공간을 압도적으로 초월하는 분이시기 때문이다.

■ 핵심 용어 정리 ■

**예배**
무한한 하나님 앞에 선 유한한 존재가 마땅히 느끼는 감정과 그 감정으로부터 자연스럽게 우러나오는 태도와 자세를 묘사하는 단어이다. 하나님을 인식한 자는 예배하지 않을 수 없다. 그러므로 하나님 앞에서의 예배는 필연적인 것이다.

**공예배**
교단 및 교회에서 법적으로 정해 놓은 공적인 예배를 뜻한다. 공동체적 예배로서 주일예배, 수요예배 등이 대표적이다. 교회 회원권을 가진 성도라면 공예배 참석은 의무이다.

**삶의 예배**
매일매일 일상의 삶 속에서 하나님을 인식하고 경험하는 행위 및 태도를 뜻한다. 공예배보다 더 중요한 예배는 삶의 예배이다. 일상의 삶이 바르게 세워지지 않고서는 그 어떤 공예배도 무의미할 수 있기 때문이다.

## 교회는 말씀이다

　푹푹 찌는 아주 무더운 여름날이라고 생각해 보자. 시원한 음료 한 잔 벌컥벌컥 들이키면 여한이 없을 만큼 무더운 날씨다. 다행히 편의점이 보인다. 시원한 콜라 한 잔을 위해 편의점으로 들어간다. 빨간색과 검은색 특유의 조화로 각인된 코카콜라 로고의 콜라 캔 하나를 집어 들었다. 손이 시릴 정도로 시원한 캔이다. 목의 갈증이 더 심해졌다. 빨리 캔을 따서 마시고 싶다. 계산을 한 후 드디어 뚜껑을 따고 목젖의 아픔도 막을세라 벌컥벌컥 들이켰다. 그런데 아뿔싸! 콜라가 아니다. 로고도 떡하니 박혀 있는 코카콜라 캔인데 정작 담겨 있는 용액이 콜라가 아닌 맹물이라면 어떤 생각이 들겠는가? 사기다. 이건 정말로 사기다.

교회론에서는 이를 '표지'(標識, mark)라고 부른다. 음료수 캔에 코카콜라라는 로고가 박혀 있으면 그 캔 속의 내용물은 반드시 콜라여야만 한다. 그 이유는 코카콜라라는 로고가 그 내용을 보증하는 '표지'이기 때문이다.

또 다른 예를 들어 보자. 유턴 표지가 있다고 생각해 보자. 그렇다면 그곳에는 반드시 유턴할 수 있는 도로가 있어야 한다. 화장실 표지가 있다고 생각해 보자. 그렇다면 그곳에는 반드시 생리현상을 해결할 수 있는 화장실이 있어야 한다. 그런데 표지만 있고 그 표지가 궁극적으로 지향하는 내용이 없다면 그것이 바로 사기다. 기만이다.

교회도 마찬가지다. 이 땅에 교회가 얼마나 많은가? 교회 간판도 많고 교회 이름도 많다. 만약 교회가 있다면 교회의 표지도 있어야 한다. 교회의 표지는 '말씀'이다. 그러므로 교회가 있는데 말씀이 없다면 그것은 교회가 아니다. 코카콜라 로고가 박혀 있어 고기콜라인 줄 알고 마셨는데 맹물이면 거짓 코카콜라다. 교회인 줄 알고 들어갔는데 말씀이 없으면 거짓 교회다. 참된 교회의 표지는 '말씀'이다. 교회는 말씀이 있어야 한다. 골로새서 1장 25절 말씀을 살펴보자.

"내가 교회의 일꾼 된 것은 하나님이 너희를 위하여 내게 주신 직분을 따라 하나님의 말씀을 이루려 함이니라"(골 1:25).

바울 사도는 '교회의 일꾼'과 '교회의 직분'의 존재 이유를 "하나님의 말씀을 이루려 함"이라고 정확히 언급하고 있다. 즉 교회에서 하는 모든 활동은 다 궁극적으로 '말씀 봉사'가 되어야 한다. 목사, 장로, 집사, 권사 등 교회에 직분 맡은 자가 존재하는 이유도 궁극적으로 '말씀 봉사'를 위해서다. 교회 활동의 참과 거짓을 가르는 기준은 골로새서 말씀이 적시하듯이 '이를 통해 하나님의 말씀이 이루어지는가'다. 이 본문에서 '이루어지다'라는 번역의 헬라어 단어는 '플레로오'($\pi\lambda\eta\rho\acute{o}\omega$)인데 그 기본적인 뜻은 '채우다'(fill up)이다. 교회 활동의 유일한 기준은 과연 이 활동을 통해 '말씀이 채워질 수 있는가'다.

문제는 실제 교회 활동 가운데서 '하나님의 말씀'이라는 기준이 '인간의 경험'이라는 기준과 직접적으로 부딪혀 싸운다는 것이다. 한 전도사님이 있었다. 신학대학원에서 필자에게 교회론을 배운 분이었다. 이 전도사님이 새로운 교회의 초등부로 부임했다. 새롭게 꾸려진 초등부 교사들과 함께 연초에 목회 계획을 짜는 회의를 했다고 한다. 전도사님이 '교회의 표지' 이야기를 하며 초등부가 하나님의 말씀을 이루는 부서가 되었으면 좋겠고 하나님의 말씀으로 가득 채워지는 부서가 되었으면 좋겠다는 내용을 나누었다고 한다.

그때 약 20년 동안 초등부 부장으로 섬겨 온 권사님이 조심스럽게 입을 떼며 다음과 같이 말했다고 한다. "전도사님, 다 맞는 말씀이신데요. 사실 그거 예전에도 다 해 본 거예요. 그런데 큰 효과가 없었어요. 전도사님이 아직 젊으시고 부임하신 지도 얼마 안 되어서 우리 교회 전통을 잘 모르시는 것 같은데요. 지금까지 이렇게 이렇게 해

왔으니 앞으로도 이렇게 이렇게 하는 게 더 좋을 것 같아요." 전도사님은 낙담했다.

교회의 표지는 교회의 표지가 돼서는 안 되는 것들과 늘 싸운다. 말씀은 인간의 경험과 싸우고, 말씀은 인간의 생각과 싸우며, 말씀은 인간의 판단과 싸운다. 하지만 앞서 골로새서 본문에서 사도 바울이 정확히 말하고 있는 것처럼 '교회의 일꾼'과 '교회의 직분'이 존재하는 유일한 이유는 "하나님의 말씀을 이루려 함"이다. 말씀만이 교회의 표지이기 때문에 말씀대로 하는 교회는 참된 교회이고 말씀대로 하지 않는 교회는 거짓 교회다. 골로새서 1장 28-29절도 함께 살펴보자.

"우리가 그를 전파하여 각 사람을 권하고 모든 지혜로 각 사람을 가르침은 각 사람을 그리스도 안에서 완전한 자로 세우려 함이니 이를 위하여 나도 내 속에서 능력으로 역사하시는 이의 역사를 따라 힘을 다하여 수고하노라"(골 1:28-29).

사도 바울은 "그"를 전파해야 한다고 말한다. 그는 예수 그리스도, 곧 '말씀'이다. 어떻게 말씀을 전파할 수 있는가? 바울은 "모든 지혜로 각 사람을 가르"쳐야 함을 말한다. 이 지혜도 곧 '말씀'이다. 말씀으로 말씀을 전하고 가르칠 때 비로소 "그리스도 안에서 완전한 자"로 세워진다. 바로 '말씀 안에서'만 완전한 자로 세워진다. 이것이 바로 교회의 존재 이유다. 교회는 말씀으로 말씀을 전하고 말씀 안에서 말씀을 이루는 말씀 그 자체가 되어야 한다. 교회는 이 일을 위해 "힘을 다하여 수고"해야 한다. 교회의 표지인 말씀이 없으면 그 교회는 사기다.

■ **핵심 용어 정리** ■

**교회의 표지**
교회를 교회답게 만드는 핵심 요소를 뜻한다. 교회의 핵심 표지는 '하나님의 말씀'이다. 이 말은 아무리 교회 건물이 멋지고 아름다워도, 아무리 성도의 숫자가 많아도, 아무리 교회 재정이 탄탄해도, 그 교회에 하나님의 말씀이 없다면 교회의 표지가 없으므로 더 이상 교회가 될 수 없다는 뜻이다.

**하나님의 말씀**
교회의 유일한 표지이다. 기독교는 말씀 종교이다. 말씀으로 세상이 창조되었고, 말씀을 어김을 통해 죄가 들어왔으며, 말씀이 초림하심을 통해 구원이 시작되었다. 앞으로 말씀이 재림하실 때 모든 것이 다 회복될 것이다.

**교회의 직분**
교회를 든든히 세우기 위해 하나님께서 제정하신 교회 일꾼을 뜻한다. 성경에 기록된 기본적인 직분은 목사, 장로, 집사가 있다. 하나님께서 직분자를 세우신 이유는 교회를 세우시기 위함이지, 교회를 무너뜨리시기 위함이 아니다. 그러므로 직분자는 늘 교회를 세우는 데에 모든 방점을 찍고 사역해야 한다.

## 교회는 성례다

앞서 살펴본 대로, 교회의 '표지'는 말씀이다. 이 말씀에 대해 좀 더 깊이 조망해 보겠다. 말씀은 크게 두 가지로 구별해 이해 가능하다. '보이지 않는 말씀'이 있고 '보이는 말씀'이 있다. 보이지 않는 말씀의 대표적인 예는 '설교'다. 설교 말씀은 눈에 보이지는 않는다. 그러므로 설교는 전하고 듣는다.

말씀은 '보이는 말씀'도 있다. 이 보이는 말씀을 가리켜 거룩한 예식, 즉 '성례'(聖禮, sacrament)라고 부른다. 성례는 '세례'와 '성찬'으로 이루어진다. 세례와 성찬 둘 다 보이는 말씀이다. 그 이유는 세례 시 물을 사용하기 때문에 물을 뿌리거나 물에 들어감을 통해 죄가 속해지는 이미지가 그려지기 때문이다. '완전 침례' 같은 경우에는 물속으로 아예 들어갔다가 다시 물 밖으로 완전히 나오는데 그리스도와 함께 십자가에 못 박혀 물속으로 들어갔다가 그리스도의 부활과 함께 다시 물 밖으로 나오는 상징적 행위를 직접 경험하고 직접 목도하게 된다. 성찬도 마찬가지다. 그리스도의 몸과 피를 기억하며 떡과 포도주를 직접 먹고 마심을 통해 그리스도의 속죄 사역의 유익에 영적으로 동참하고 참여하게 된다. 그러므로 보이지 않는 말씀인 설교는 '수동적으로' 듣는 것이지만, 보이는 말씀인 성례는 '능동적으로' 참여하는 것이다.

  그냥 설교만 들으면 되지 왜 굳이 번거롭게 성례를 해야 할까? 그 이유는 성례는 보이는 말씀이기 때문에 보이지 않는 말씀인 설교보다 훨씬 더 효과적으로 그 의미가 정확히 각인될 수 있기 때문이다. 예를 들어 보겠다. 빨간색이 어떤 색인지 모르는 사람이 있다고 생각해 보자. 그 사람에게 백날 말로 설명해 봤자 빨간색을 제대로 이해시키기는 정말로 힘들 것이다. 빨간색을 모르는 사람에게는 백 마디의 설명보다 빨간 색깔을 직접 보여 주는 것이 훨씬 더 효과적이다. 바로 이것이 듣는 것보다 보는 것이 가진 장점이다. 성례는 직접 본다. 그러므로 효과적이다.

  이뿐만이 아니다. 성례가 효과적인 또 다른 이유는 성례는 가만히 앉아서 수동적으로 듣는 것이 아니라, 직접적으로 참여하고 능동적으로 경험하기 때문에 훨씬 더 효과적으로 본질을 파악할 수 있다는 점이다. 예를 들어, 열대 과일 두리안의 맛을 설명한다고 생각해 보

자. 두리안을 한 번도 먹어 보지 않은 사람에게 아무리 생동감 있게 설명해도 두리안의 맛을 정확히 알 길은 없을 것이다. 그러나 말이 필요 없다. 그냥 두리안 한 조각을 입에 넣어 주면 된다. 자기가 직접 씹어 보고 삼켜 봐야 두리안 맛을 아는 자가 된다. 백 마디 말보다 단 한 번의 경험이 정답이다. 성례는 직접적으로 참여한다. 그러므로 효과적이다.

직접 물세례를 받음을 통해 그리스도의 죽으심과 부활을 능동적으로 경험할 수 있게 되고, 직접 떡과 포도주를 먹고 마심을 통해 십자가에 달리신 그리스도의 피와 살을 능동적으로 경험할 수 있게 된다. 이런 능동적이고도 참여적인 행위를 통해 그리스도에 대한 '말씀'이 더 살아 움직여 생동감 있게 우리 삶의 전인에 뿌리 박히게 된다.

성례에서 중요한 것은 '그리스도와의 연합'이다. 성례를 받았기 때문에 그리스도와 연합하는 것이 아니라, 그리스도와 이미 연합되었기 때문에 성례를 받는 것이다. 더 쉽게 묘사하자면, 성례를 받았기 때문에 예수를 믿게 되는 것이 아니라, 예수를 믿었기 때문에 성례를 받는 것이다. 그러므로 성례는 믿음보다 앞설 수 없다. 성례는 반드시 믿음 이후에 자기 자리를 두어야 한다. 로마서 6장 3-4절을 살펴보자.

"무릇 그리스도 예수와 합하여 세례를 받은 우리는 그의 죽으심과 합하여 세례를 받은 줄을 알지 못하느냐 그러므로 우리가 그의 죽으심과 합하여 세례를 받음으로 그와 함께 장사되었나니 이는 아버지의 영광으로 말미암아 그리스도를 죽은 자 가운데서 살리심과 같이 우리로 또한 새 생명 가운데서 행하게 하려 함이라"(롬 6:3-4).

세례를 받았기 때문에 예수와 합하게 된 것이 아니다. 오히려 그리스도 예수와 합해졌기 때문에 세례를 받는 것이다. 세례는 그리스도와 연합되었다는 사실에 대한 교회 공동체적 확증이기 때문이다. 현재 교회들이 이 지점을 놓치고 있다. 참으로 우려가 된다. 아무에게나 막 세례를 줘서는 절대 안 된다. 특히 예수 그리스도를 구세주로 제대로 고백하지 못하는 사람에게 세례를 베풀어서는 안 된다. 로마서 본문이 잘 말하고 있듯이, "그리스도 예수와 합하여" 세례를 받는 것이고 "그의 죽으심과 합하여" 세례를 받는 것이다. 때문에 그리스도와 전혀 상관없는 사람에게 세례를 베풀어서는 안 된다.

성찬도 마찬가지다. 성찬도 그리스도와 연합 가운데 행해지는 '참여' 행위다. 고린도전서 10장 16-17절 말씀을 보자.

"우리가 축복하는 바 축복의 잔은 그리스도의 피에 참여함이 아니며 우리가 떼는 떡은 그리스도의 몸에 참여함이 아니냐 떡이 하나요 많은 우리가 한 몸이니 이는 우리가 다 한 떡에 참여함이라"(고전 10:16-17).

성찬은 '그리스도의 몸과 피'에 "참여"하는 것이다. '참여하다'라는 번역의 헬라어 단어는 '메테코'(μετέχω)인데 그 기본적인 뜻은 '함께 나누다'(have a share)이다. 앞서 살펴보았듯이, 교회의 머리는 예수 그리스도이시다. 우리는 그분의 지체다. 우리는 그리스도 안에서 '한 몸'이기도 하지만 동시에 '한 식구'이기도 하다. '식구'(食口)의 사전적 정의는 '같은 집에서 살며 끼니를 함께하는 사람'이라는 뜻이다. 식구는 떡과 잔을 함께 나눠 마시는 식솔이다. 그것이 바로 성찬이다. 진짜 식구라면 콩 한 쪽이라도 나눠 먹는다. 교회의 머리이신 예수 그리스도 안에서 그리스도의 살과 피를 영적으로 경험하기 위해 떡과 잔을 함께 나눠 마시는 '한 몸' 된 공동체가 바로 성례 공동체요 세례 공동체다.

보이지 않는 말씀인 설교와 보이는 말씀인 성례가 흥왕하는 교회가 말씀이 흥왕하는 교회다. 설교와 성례가 살아 움직이는 교회가 참된 교회다. 모든 교회가 다 이런 교회 되길 꿈꾼다.

### ■ 핵심 용어 정리 ■

**성례**
'거룩한 예식'이라는 뜻이다. 개신교회의 거룩한 예식은 세례와 성찬뿐이다. 설교가 보이지 않는 말씀이라면, 성례는 보이는 말씀이다. 세례와 성찬을 통해 성도들은 자신의 믿음을 더 굳건히 할 수 있다.

**세례**

하나님의 자녀로 받아들여졌다는 사실에 대한 교회 공동체적 확증의 시간이다. 우선순위가 중요하다. 세례를 받았기 때문에 하나님의 자녀가 되는 것이 아니라, 하나님의 자녀로 인정받을 만하기에 세례를 베푸는 것이다.

**성찬**

세례를 받은 후 참여할 수 있는 영적인 행위이다. 떡과 포도즙을 교회 공동체적으로 함께 먹고 마심을 통해 그리스도의 속죄 사역의 유익을 영적으로 누리는 시간이다.

## 교회는 교제다

새신자들도 교회에 와서 예배드리는 것을 꽤 좋아한다. 설교 말씀 듣는 것도 좋아하고 찬양 부르는 것도 좋아한다. 그들이 교회에 처음 왔을 때 가장 부담스러워하는 것은 바로 예배 끝나고 교회 식당에 가서 같이 밥 먹자고 하는 권면이다. 소그룹 참여 역시 부담스럽고, 교역자가 가정이나 직장으로 심방을 간다고 하면 소스라치게 놀라며 연신 손사래를 친다. 18세기 이후로 개인주의가 깊숙이 들어오더니 신앙생활도 혼자 하고 싶어 한다. 그냥 혼자 조용히 교회를 다니고 싶어 하고, 뭔가를 같이 하자고 하면 부담부터 느끼기 시작한다.

그러나 교회는 혼자 다닐 수 없다. 아니, 혼자 다니면 안 된다. 교회 생활 중 핵심은 '교제'다. 초대교회 때의 모습을 한번 살펴보자. 얼마나 진득하게 교제했는지가 여실히 드러난다. 사도행전 2장 42-47절 말씀이다.

"그들이 사도의 가르침을 받아 서로 교제하고 떡을 떼며 오로지 기도하기를 힘쓰니라 사람마다 두려워하는데 사도들로 말미암아 기사와 표적이 많이 나타나니 믿는 사람이 다 함께 있어 모든 물건을 서로 통용하고 또 재산과 소유를 팔아 각 사람의 필요를 따라 나눠 주며 날마다 마음을 같이하여 성전에 모이기를 힘쓰고 집에서 떡을 떼며 기쁨과 순전한 마음으로 음식을 먹고 하나님을 찬미하며 또 온 백성에게 칭송을 받으니 주께서 구원 받는 사람을 날마다 더하게 하시니라"(행 2:42-47).

사도행전에 나타난 초대교회의 모습은 참 생소하다. 특히 21세기 개인주의와 자본주의적 관점에서 봤을 때 대단히 파격적인 모습이 아닐 수 없다. 초대교회 사람들은 "서로 교제하고" 떡을 뗐다. "믿는 사람이 다 함께 있"었다. "모든 물건을 서로 통용"했다. 심지어 "재산과 소유를 팔아 각 사람의 필요를 따라 나눠" 주었다. 이를 억지로 한 것이 아니다. 누가 강제로 시켜서 한 것도 아니다. "기쁨과 순전한 마음으로" 했다. 놀라운 일이다. 참된 교제가 일어났다. 어떻게 이 일이 가능했을까?

이 일의 정황을 살피기 전 반드시 짚고 넘어가야 할 사실이 하나 있다. '교제'란 무엇일까? 많은 사람이 교제를 교회에서 다른 사람들과 친하게 잘 지내고, 다른 사람들을 배려하고, 다른 사람들을 잘 섬기는 것으로 생각한다. 그러나 사실 엄밀히 말하면 이런 것들은 교제가 아니다. 그 이유는 인간의 본성상 한 인간과 또 다른 한 인간은 참된 교제를 할 수 없는 관계이기 때문이다.

인간은 죄인이다. 죄인이라는 뜻은 다시 말하지만 '자기애'로 똘똘 뭉쳐 있다는 뜻이다. 물론 평상시에는 남을 챙겨 줄 수 있다. 다른 사람을 도와줄 수도 있다. 하지만 극한의 상황이 오면 달라진다. 재난 영화를 생각해 보자. 재난 영화를 보면 자기만 살겠다고 도망치는 빌런이 반드시 등장한다. 다들 그 빌런을 욕한다. 하지만 자기만 살겠다고 도망치는 그 빌런이 곧 우리다. 평상시에는 남을 도와주고 남을 챙겨 줄 수 있다. 하지만 극한의 위급 상황 속에서는 본성이 작동될 수밖에 없다. 자기만 살겠다고 도망치는 것이 인간의 본성이다.

그러므로 교회 내에서의 교제는 엄밀히 말해서 성도와 성도 사이의 교제가 아니다. 그것은 원천적으로 불가능하다. 그렇다면 교회 내의 교제는 누구와 하는 것일까? 바로 예수 그리스도와 하는 것이다. 요한일서 1장 3절이 바로 이 말을 하고 있다.

> "우리가 보고 들은 바를 너희에게도 전함은 너희로 우리와 사귐이 있게 하려 함이니 우리의 사귐은 아버지와 그의 아들 예수 그리스도와 더불어 누림이라"(요일 1:3).

타인과 참된 교제와 사귐을 갖기 위해 가장 먼저 필요한 것은 "아버지와 그의 아들 예수 그리스도"와의 사귐이다. 예수 그리스도와 깊이 교제하는 사람은 다른 사람들과도 깊게 교제하게 될 것이다. 예수 그리스도와 참된 사귐 관계에 있는 사람은 다른 사람들과도 참된 사귐에 있을 수 있다. 그 반대 논리는 불가능하다. 즉 이 구조가 십계명의 구조다. 1-4계명은 "하나님을 사랑하라"는 명령이요 5-10계명은 "이웃을 사랑하라"는 명령이다.

이웃을 아무리 사랑해도 그 이웃 사랑으로 하나님을 사랑하게 될 수는 없다. 그러나 하나님을 깊이 사랑하는 사람은 이웃도 내 몸같이 사랑하게 될 것이다. 하나님을 깊이 사랑하는 사람은 살인하지 않을 것이고, 간음하지도 않을 것이며, 도둑질하지도 않고, 이웃에 대하여 거짓 증거 및 탐심을 품지 않을 것이다. 교회에서의 교제도 마찬가지다. 하나님과의 관계가 우선이다. 하나님과 제대로 교제하는 사람은 다른 사람들과도 제대로 교제할 것이다. 그 반대는 불가하다.

예배 끝날 때 '축도'라는 것을 한다. 하나님의 복을 비는 기도 시간이다. 고린도후서 13장 13절이 대표적인 축도 구절 중 하나다.

"주 예수 그리스도의 은혜와 하나님의 사랑과 성령의 교통하심이 너희 무리와 함께 있을지어다"(고후 13:13).

주 예수 그리스도와 참되게 교제하고 사귀는 사람은 주 예수 그리스도의 은혜를 경험하게 될 것이고, 성부 하나님과 참되게 교제하고 사귀는 사람은 성부 하나님의 사랑을, 성령 하나님과 참되게 교제하고 사귀는 사람은 성령 하나님의 교통을 경험하게 될 것이다. 삼위일체 하나님과의 진중한 사귐의 결과는 교회 공동체적으로 미칠 것이다. "너희 무리와 함께 있을지어다"라는 공동체적 확증으로 발전될 것이다. 삼위일체 하나님과 진정으로 교제해 그 은혜와 사랑과 교통하심을 누린 사람은 무리 내에서 그것을 드러내는 삶을 살게 될 것이다. 이 방식이 옳다. 이 방식이 가장 부작용이 적다.

■ **핵심 용어 정리** ■

**성도의 교제**
그리스도의 몸 된 교회 안에서 지체된 성도들이 마땅히 해야 할 영적인 관계 맺기를 뜻한다. 성도의 교제의 궁극적 의미는 성도 사이의 교제라기보다는 그리스도와 성도 사이에서의 교제이다. 그리스도와 깊게 교제하고 교통하는 사람은 성도들과도 잘 지낼 것이다.

**자기애**
죄의 핵심 본질이다. 원래 인간은 하나님을 사랑하고 이웃을 사랑하라고 창조되었다. 하지만 하나님과 이웃보다는 자기를 더 사랑함을 통해 죄가 전 인류로 들어오게 되었다. 신자는 자기애와 치열하게 싸워 내야 할 존재이다.

**삼위일체적 사귐**
교회의 공동체성과 유기체성에 대한 근본 원리에 대한 묘사이다. 모든 것의 시작은 삼위일체 하나님이시다. 성부·성자·성령 삼위일체 하나님은 서로가 서로를 깊게 사랑하는 관계이며 서로가 서로를 깊게 배려하는 관계적 존재다. 교회적 사귐도 이런 삼위일체적 사귐에 근거해야 한다.

## 한 장으로 정리하는 교리

**교회의 머리는 그리스도시며 우리는 그의 지체다.**

교회는 본질적으로 유기체이며 공동체다. 교회는 그리스도의 몸인데, 그 몸의 머리는 예수 그리스도시며 우리는 그 머리 아래 함께 유기적으로 존재하는 지체이기 때문이다. 그리스도가 교회의 머리라는 사실은 많은 것을 시사한다. 모두 다 교회의 머리가 되길 갈망하는 작금의 교회 상황 가운데 다시금 회복되어야 할 것은 예수 그리스도께서 교회의 유일한 머리라는 사실이다. 우리 모두가 그리스도의 몸 된 교회의 지체라면 우리는 한 몸이기에 서로가 서로를 챙기고 서로가 서로를 돌봐야 한다. 이는 의무요 사명이다.

**교회는 가시적 교회·불가시적 교회라는 이중성이 존재한다.**

이 땅에 있는 교회는 불완전하고 왜곡된 가시적 교회이다. 택자와 불택자가 섞여 있어 늘 갈등과 반목이 심하다. 하지만 현재의 가시적 교회가 교회의 완성은 아니다. 교회는 앞으로 완성될 것이다. 불가시적 교회, 즉 선택받은 자들이 모이는 무형교회로 온전하게 거듭나게 될 것이다. 물론 이 땅 위의 가시적 교회에서 열심히 신앙생활을 해야 하지만 우리의 시선은 불가시적 교회에 고정해야 한다. 그래야 소망이 있고 그래야 희망이 있다.

**교회의 표지는 보이지 않는 말씀인 설교와 보이는 말씀인 성례이다.**

교회가 교회답기 위해서는 표지가 필요하다. 교회의 유일한 표지는 '하나님의 말씀'이다. 하나님의 말씀이 없는 교회는 더 이상 교회가 아니다. 하나님의 말씀이 보이지 않는 형태로 선포되면 '설교'가 되고, 보이는 형태로 선포되면 '성례' 즉 세례와 성찬이 된다. 설교의 바른 선포와 성례의 바른 시행만이 교회를 교회답게 만든다.

**교회는 예배를 통해 성도의 교제를 강하게 만들어야 한다.**

성도의 교제는 성도들끼리 놀러 가고 성도들끼리 맛집 투어 다니는 것이 아니다. 진정한 성도의 교제는 예배 가운데 교회의 머리이신 그리스도와 교제하는 것이다. 그리스도와 깊이 있게 교제하는 성도라면 주변 성도들과도 깊이 있게 교제하게 될 것이다.

교회가 워낙에 타락해서 그 누구도 교회에 소망을 두지 않는 분위기다. 하지만 교회론은 장차 온전히 회복될 것이며 교회의 본질은 그 어떤 것보다 더 깨끗하고도 아름답게 빛나게 될 것이다. 그러므로 교회의 소망은 가시적 교회에 있지 않고 불가시적 교회에 있음을 깨닫고 오늘도 영원을 간절히 사모해야 할 것이다.

■ 묵상 및 토론 질문 ■

1. 왜 교회의 머리가 '그리스도'가 되지 않을까? 그 이유에 대해 생각해 보고 어떻게 하면 다시금 교회의 머리에 그리스도가 온전히 위치될 수 있을지 나눠 보라.
2. 혹시 가시적 교회에 실망하고 좌절해 '가나안 성도'의 마인드로 신앙 생활 하지는 않았는지 생각해 보라.
3. 현재 출석하고 있는 교회에 '교회의 표지'가 제대로 있는지를 생각해 본 후 어떻게 하면 교회가 교회답게 될 수 있을지에 대해 나눠 보라.

**종말론**

7장에서 다룬 교회가 참으로 많이 아프다. 예수 믿는 신자들의 삶도 많이 무너져 있다. 그 이유는 무엇일까? 아직 교회와 신자가 온전한 완성을 경험하지 못했기 때문이다. 8장은 모든 것들이 온전히 다 회복될 순간인 '종말'에 대해 다룬다. 종말은 끝이 아니다. 오히려 새로운 시작이다. 8장 내용을 통해 종말론의 의미, 그리스도의 재림, 몸의 부활, 최후 심판, 새 하늘과 새 땅, 창조와 재창조를 성경적으로 조망하게 될 것이다. 8장은 이 책의 마지막 장이지만 궁극적으로는 마지막이 아니라 새로운 시작의 장이 될 줄 믿는다.

8장

# 마지막, 그리고 새로운 시작

"지금은 내가 부분적으로 아나 그때에는 주께서 나를 아신 것 같이 내가 온전히 알리라"(고전 13:12).

## 이미, 그러나 아직 아닌

'이미, 그러나 아직 아닌'(already, but not yet)이라는 개념이 있다. 신학에서 아주 중요한 개념이다. 이 개념이 중요한 이유는 조직신학의 여러 주제 속에 필연적으로 존재할 수밖에 없는 '신학적 긴장'(神學的 緊張, theological tension)을 해소하기 위해 정밀하게 고안된 신학적 장치이기 때문이다.

'신학적 긴장'이란 무엇일까? 예를 들어 보겠다. 유명 고급 레스토랑에 특급 요리사 두 명이 함께 일하고 있다고 생각해 보자. 두 요리사 모두 탑 클래스 요리사다. 메뉴는 감자 오믈렛이다. 보조 요리사가 물어본다. "감자, 이 정도 익히면 되겠죠?" 이 질문을 들은 탑 클래스 요리사가 "어, 그 정도 익히면 돼"라고 답했다. 그런데 또 다른 탑 클래스 요리사가 "노노노, 절대 손대지 마. 아직 안 익었어. 그거 더 익혀야 돼"라고 답했다. 보조 요리사는 순간적으로 '멘탈 붕괴'가 일어났다. 과연 감자가 익었다는 말인가? 아니면 아직 덜 익었다는 말인가? 누구 말을 따라야 할 것인가? 평온했던 고급 레스토랑 주방이 갑자기 긴장 상태가 되었다.

신학에서도 이런 일이 많다. 예수 그리스도 안에서 의롭다 칭함을 받았다고 하는데, 왜 칭의 받은 후에도 계속 죄를 짓는 것일까? 도대체 칭의가 끝났다는 말인가? 아니면 여전히 죄를 지으니 칭의가 아직 덜 완성되었다는 말인가? 신학적 긴장이 생긴다. 이미 거듭나서 "새로운 피조물"(고후 5:17)이 되었다면 왜 내 삶은 새로운 피조물다운 삶과는 거리가 먼 것일까? 신학적 긴장이 생긴다.

예수께서 "천국이 가까이 왔느니라"(마 3:2)라고 말씀하셨으니 천국이 온 것 같기도 한데, 주변의 삶을 살펴보면 천국은커녕 거의 지옥 같으니 과연 천국이 온 게 맞을까? 신학적 긴장이 생긴다. 예수 그리스도를 알면 "영생"을 받는다고 하는데(요 17:3), 나는 왜 예수 그리스도를 아는데도 영생을 받지 않고 앞으로 결국 죽게 될까? 신학적 긴장이 생긴다. 마치 아까 그 고급 레스토랑의 보조 요리사가 느낀 것처럼, 여전히 우리 뇌리를 맴도는 질문 때문에 애매모호함과 긴장이 생긴다. 과연 무엇이 맞지? 이것도 맞는 것 같고, 저것도 맞는 것 같은데, 과연 무엇이 맞지?

이런 형태의 신학적 긴장을 해결하기 위해 꼭 필요한 장치가 바로

'이미, 그러나 아직 아닌'이라는 개념이다. 사실 '이미'와 '그러나 아직 아닌' 사이에는 '죄'가 위치한다. 맞다. 예수 안에 있을 때 중생과 칭의를 이미 받는다. 예수 안에 있다면 이제 이미 의롭다 여겨진 새로운 피조물이다. 예수 그리스도 안에서 이미 천국을 누린다. 예수 그리스도 안에서 이미 영생도 받았다. 그러나 문제는 이 중생, 칭의, 천국, 영생이 '아직 온전히 완성된 것은 아니'라는 점이다. 그 이유는 죄 때문이다. 아직 죄 문제가 완전히 해결되지 않았다.

지금부터는 '종말론'(終末論, Eschatology)을 살펴볼 텐데 종말론이 바로 '이미, 그러나 아직 아닌'의 신학적 긴장을 말끔히 해소하는 주제다. 그 이유는 종말론은 죄 문제가 완전히 해결된 이후를 다루는 학문이기 때문이다. 종말론은 '이미, 그러나 아직 아닌'이라는 신학적 방향성을 '이미, 그리고 이제 완전히 새롭게'로의 방향성으로 완전히 뒤바꾸는 신학이다. 그러므로 종말론은 그 본성이 낙관적이다.

기독교의 종말론은 비관론과 아주 거리가 멀다. 세속에서는 죽음을 '모든 것의 끝'이라고 보지만, 기독교 종말론에서는 죽음을 '압도적인 새로운 시작'으로 본다. 세속에서는 이 세상의 종말을 '끝'으로 보지만, 기독교 종말론에서는 종말을 '시작'으로 본다. 세속에서는 '마지막'을 두려워하지만, 기독교 종말론에서는 '마지막'을 고대하고 또 고대하며 오매불망 기다린다. 그 이유는 기독교 종말론은 모든 것이 회복되고 완성될 너무나도 영광스러운 순간을 논하기 때문이다. 디도서 2장 11-14절을 살펴보자.

"모든 사람에게 구원을 주시는 하나님의 은혜가 나타나 우리를 양육하시되 경건하지 않은 것과 이 세상 정욕을 다 버리고 신중함과 의로움과 경건함으로 이 세상에 살고 복스러운 소망과 우리의 크신 하나님 구주 예수 그리스도의 영광이 나타나심을 기다리게 하셨으니 그가 우리를 대신하여 자신을 주심은 모든 불법에서 우리를 속량하시고 우리를 깨끗하게 하사 선한 일을 열심히 하는 자기 백성이 되게 하려 하심이라"(딛 2:11-14).

디도서 본문은 예수 그리스도께서 다시 오실 종말의 때를 가리켜 "복스러운 소망"이라고 부르고 있다. 맞다. 기독교의 종말론은 '절망'의 순간에 대한 논의가 아니다. 기독교의 종말론은 '복스러운 소망'에 대한 한없이 복스러운 논의다. '복스러운'이라는 번역의 헬라어 단어는 '마카리오스'(μακάριος)인데 그 뜻은 '행복한'(happy), '복된'(blessed), '행운의'(fortunate) 등으로 밝은 이미지를 한껏 가지고 있는 단어다. 기독교의 종말론은 어두컴컴하지 않다. 기독교의 종말론은 밝다. 행복하다. 복되다. 기다려진다.

왜 기독교 종말론은 '복스러운 소망'일까? 디도서 본문이 잘 말하고 있는 것처럼 마지막 때에 "하나님의 은혜가 나타나"기 때문이며(11절) "구주 예수 그리스도의 영광이 나타나"기 때문이다(13절). 맞다. 하나님의 은혜와 영광이 예수 그리스도를 통해 나타나는 것만큼 복스러운 소망이 과연 어디에 있을까? 그러므로 종말론 전반에 걸쳐

다음과 같은 외침이 늘 선행되어야만 한다. "마라나 타!"(מָרַנָא תָא) '마라나 타'는 '주님, 오시옵소서'(Come, O Lord)라는 뜻이다. 주님이 다시 오실 때만 모든 눈에서 눈물이 닦일 것이다. 주님이 다시 오실 때만 모든 고통과 고난이 사라질 것이다. 마라나 타! 주님, 오시옵소서!

## ■ 핵심 용어 정리 ■

### 이미, 그러나 아직 아닌
성경에 나타난 '완성'과 '미완성' 사이의 모순처럼 보이는 것들을 극복하기 위해 사용하는 신학적 개념이다. 예수 그리스도의 초림을 통해 '이미' 천국이 왔지만(하나님 나라의 현재성), 그리스도의 재림이 '아직' 성취되지 않았으므로 재림 이후가 되어야 완전한 천국이 도래하게 될 것이다(하나님 나라의 미래성).

### 신학적 긴장
'이미, 그러나 아직 아닌'이라는 개념 속에 내포되어 있는 역설적 관계를 묘사하는 표현이다. 예를 들면, 이미 구원을 받았지만 죄 때문에 아직 그 구원이 온전히 완성된 것은 아니다. 그러므로 죄는 늘 '신학적 긴장'을 불러일으킨다.

### 종말론
'마지막'에 대한 학문이다. 기독교 종말론의 특징은 모든 것이 다 끝나는 것이 아니라 '새로운 시작'을 논의한다는 점이다.

## 왕의 귀환

    연애 중이라고 생각해 보자. 그것도 아주 뜨거운 연애 중이다. 서로 너무 사랑해서 알콩달콩 데이트를 하고 헤어진 지 5분밖에 안 됐는데 또 보고 싶다. 전화를 걸어 3시간 정도 귀가 얼얼해지도록 통화하고 끊었는데, 끊자마자 또 너무너무 보고 싶다. 데이트한 지 하루밖에 안 지났는데 또 보고 싶다. 사랑하면 보고 싶다. 상대가 너무너무 보고 싶다.

    예수 그리스도도 마찬가지다. 예수 그리스도께서는 반드시 다시 오실 것이다. 예수 그리스도를 너무너무 사랑하는 사람은 하루속히 그리스도를 만나고 싶을 것이다. 그리스도의 재림을 간절히 기다릴 것이다. 신부로서 신랑이신 예수 그리스도를 만날 날만 학수고대 기다릴 것이다. 반대로 생각해 보자. 그리스도의 재림이 전혀 기다려지지 않는다면, 심지어 그리스도의 재림이 예상보다 더 빨리 다가올까 봐 전전긍긍하고 있다면, 과연 나는 예수 그리스도를 사랑하고 있는 것일까, 아닐까?

예수 그리스도께서 이 땅에 처음 내려오신 것을 가리켜 '초림'(初臨)이라고 부르고 이 땅에 다시 내려오시는 것을 가리켜 '재림'(再臨)이라고 부른다. 초림은 예수께서 낮아지기 위해 오셨고 죽으러 오신 것이었다. 하지만 재림은 다르다. 재림은 예수께서 높아지기 위해 오시고 죽음을 심판하러 오신다. 그러므로 재림은 '왕의 귀환'이다. 사망의 통치를 깨부수고 공중 권세 잡은 자의 권력을 완전하게 훼파하시러 '바로 그 왕'께서 귀환하신다!

그리스도의 재림은 반드시 있을 것이다. 사도행전 1장 9-11절 말씀이나.

"이 말씀을 마치시고 그들이 보는데 올려져 가시니 구름이 그를 가리어 보이지 않게 하더라 올라가실 때에 제자들이 자세히 하늘을 쳐다보고 있는데 흰 옷 입은 두 사람이 그들 곁에 서서 이르되 갈릴리 사람들아 어찌하여 서서 하늘을 쳐다보느냐 너희 가운데서 하늘로 올려지신 이 예수는 하늘로 가심을 본 그대로 오시리라 하였느니라"(행 1:9-11).

예수께서 부활하신 후 하늘로 '올려져' 가셨다(9절). 승천(昇天)하셨다는 뜻이다. 예수께서 승천하시는 모습을 제자들이 자세히 바라봤다(10절). 그때 흰옷 입은 두 사람, 즉 천사들이 제자들에게 말을 걸기 시작했다. 말의 핵심 내용은 재림에 대한 약속이었다. "이 예수는 하늘로 가심을 본 그대로 오시리라"(11절)라는 재림에 대한 확증이었다. 그리스도의 재림은 반드시 일어날 것이다.

그렇다면 언제 재림이 이뤄질까? 많은 사람은 재림을 늘 '미래형'으로 생각한다. 아주 먼 까마득한 미래라고만 생각한다. 주님이 하늘로 올라가신 지 2천 년 이상 되었는데도 아직 안 내려오신 것을 보면 아마도 재림은 아직 한참 멀었다고 생각하는 것 같다. 맞다. 그리스도의 재림은 2천 년 후가 될 수도 있고, 2만 년 후가 될 수도 있고, 20만 년, 200만 년, 2,000만 년 이후가 될 수도 있다. 재림은 실제로 미래형의 구조 안에서 일어날 수 있다. 하지만 동시에 재림은 바로 '오늘'이 될 수도 있다. 지금 이 책을 읽고 있는 순간도 될 수 있다. 정말 아무도 모른다. 오로지 "그 날과 그 때는 … 아버지만 아시느니라"(막 13:32)는 말씀처럼 하나님 외에는 재림의 때를 알 수 없다.

이 지점에서 꼭 기억해야 할 사실은 바로 오늘도 재림이 있을 수 있다는 점이다. 즉 재림은 '현재형'의 구조 내에서도 충분히 가능하다. 그러므로 우리는 깨어 있어야 한다. 내일 깨어 있으면 안 된다. 오늘 깨어 있어야 한다. 내일이 없을 수도 있다. 오늘만 있을 뿐이다. 정신 바짝 차리고 마가복음 13장 35-36절을 살펴보자.

"그러므로 깨어 있으라 집 주인이 언제 올는지 혹 저물 때일는지, 밤중일는지, 닭 울 때일는지, 새벽일는지 너희가 알지 못함이라 그가 홀연히 와서 너희가 자는 것을 보지 않도록 하라"(막 13:35-36).

주님의 재림은 2,000만 년 후에도 될 수 있지만, 바로 '오늘'이 될 수도 있기 때문에 깨어 있어야 한다. 마가복음 말씀처럼 집주인이 밤중에 올지, 닭 울 때 올지, 새벽에 올지 알 수가 없기 때문이다. 중요한 것은 집주인이 "홀연히" 올 때 무방비하게 침 흘리며 자는 모습을 내비치지 않는 것이다.

아주 옛날에 연애했던 시절이 떠오른다. 지금은 아내가 된 여자 친구가 보고 싶어 집 앞으로 불쑥 찾아갔다. 아내에게 집 앞이니 나오라고 했더니, 바로 나오지 않고 꽤 오랜 시간이 걸린 후에 나오는 게 아니겠는가. 나중에 알고 보니 내 실수였다. 남자 사람은 누가 찾아오면 바로 나가는 편이지만, 여자 사람은 어느 정도 꾸밀 시간이 필요하다는 만고불변의 사실을 뒤늦게 깨달은 것이다. 미안했다. 이렇게 남자 사람과 여자 사람은 같은 사람인데도 참으로 다르다. 그런데 아무리 불쑥 만난다 하더라도 누가 사랑하는 사람에게 자신의 정리되지 않은 모습을 보여 주고 싶을까? 사랑하는 사이일수록, 좋아하는 사이일수록 더 좋은 모습만 서로 보여 주고 싶지 않을까?

그리스도께서는 반드시 다시 오실 것이다. 불현듯, 불시에, 홀연히 찾아오실 것이다. 그때 나는 무엇을 하고 있을까? 주님이 찾아오실 때 나는 무엇을 하는 중일까? 주님이 찾아오실 때 나는 어떤 모습으로 그리스도를 만나게 될까? 있으면 안 될 자리에서 재림하신 그리스도를 만나면 낭패다. 보여 줘서는 안 될 모습을 재림하신 그리스도께 보여 주면 낭패다. 그러므로 깨어 있어야 한다.

■ **핵심 용어 정리** ■

### 초림
구약 성경에서 줄곧 예언되어 왔던 메시아의 오심이 최초로 성취된 것을 가리킨다. 태초에 하나님과 함께 계셨던 말씀인 예수 그리스도께서 "육신이 되어 우리 가운데 거하"셨다(요 1:14).

### 재림
예수께서는 초림 이후에 모든 사역을 다 마치시고 하늘로 올라가셨는데 이 땅으로 다시 내려오실 것을 약속하신 채 올라가셨고 이를 가리켜 재림이라고 부른다. 하늘로 올려지신 예수는 "하늘로 가심을 본 그대로" 다시 오실 것이다(행 1:11).

### 깨어 있음
그리스도의 초림과 재림 사이를 살고 있는 신자들이 마땅히 가져야 할 삶의 태도와 자세를 의미한다. 그리스도의 재림이 언제가 될지 아무도 모르기 때문에 언제나 깨어 있는 상태로 주님을 기다려야 한다(막 13:32-37).

얼굴이 해같이 빛나며

옷이 빛과 같이 희어졌더라

약 20년 전에 연예인을 만난 적이 있다. 그때도 톱스타였고 지금도 여전히 톱스타의 명성으로 살아가는 연예인이다. 여배우였는데 첫 만남 때의 기억이 선하다. 너무너무 예뻤다. 그때 장난조로 이렇게 질문했었다. "너무 예쁘셔서 본인 얼굴에 불만이 하나도 없으실 것 같아요." 그런데 놀랍게도 그 여배우는 이렇게 받아쳤다. "아니에요. (손가락으로 뺨을 가리키며) 이쪽이 좀 더 나왔으면 좋겠고요. (손가락으로 턱선을 가리키며) 이쪽이 좀 더 갸름하게 올라갔으면 좋겠어요." 그때 깨달았다. '백 퍼센트 만족하면서 사는 사람은 없구나.'

저마다 다 불만족스러운 삶을 사는 것 같다. 주어진 환경에 불만족스러워하고, 주어진 성격도 불만족스럽게 생각하는 것 같다. 자신의 얼굴, 피부, 체형, 몸매 모두 다 완벽하게 만족하면서 사는 사람은 거의 없는 것 같다. 단순히 물리적인 부분만이 아니라 영적인 문제도 마찬가지다. 사실 예수를 믿는 신자로서 가장 불만족스러운 부분은 다름 아닌 '죄'다. 또 죄와 싸워서 졌다는 사실이 좌절스럽고 또 죄 앞에서 넘어지고 무너졌다는 사실에 자괴감이 몰려온다. 왜 나는 이 정도밖에 안 될까? 왜 나는 늘 죄 앞에서 패배를 경험하는 것일까? 정말 불만족스럽다.

예수 그리스도께서 재림하실 때 이 모든 불만족이 완전히 해소될 것이다. 그 이유는 예수께서 재림하실 때 우리 모두 부활(復活, resurrection)하게 되어 죄와 전혀 상관없는 몸인 부활체(復活體, resurrected body)를 가지게 될 것이기 때문이다. 부활체를 가지게 되면 불만족 지수는 0점이 되고 만족 지수는 100점이 될 것이다. 빌립보서 3장 20-21절 말씀을 보자.

"그러나 우리의 시민권은 하늘에 있는지라 거기로부터 구원하는 자 곧 주 예수 그리스도를 기다리노니 그는 만물을 자기에게 복종하게 하실 수 있는 자의 역사로 우리의 낮은 몸을 자기 영광의 몸의 형체와 같이 변하게 하시리라"(빌 3:20-21).

현재 우리의 몸은 "낮은 몸"이다. 그러므로 늘 죄를 짓고 산다. 낮은 몸이니 자존감이 낮을 대로 낮다. 늘 불평불만이다. 총체적 난국이다. 하지만 "구원하는 자 곧 주 예수 그리스도"께서 재림하시면 우리의 낮은 몸이 "영광의 몸의 형체"와 같이 변하게 될 것이다. 그렇다면 영광의 몸의 형체는 어떤 몸일까? 마태복음 17장 2절에 힌트가 등장한다.

"그들 앞에서 변형되사 그 얼굴이 해 같이 빛나며 옷이 빛과 같이 희어졌더라"(마 17:2).

마태복음 17장의 내용은 '예표적' 성격을 가지고 있다. 예표적 성격이란 '앞으로 일어나게 될 일을 미리 보여 주는' 성격을 뜻한다. 예수께서 베드로, 야고보, 요한과 함께 높은 산으로 올라가셨다(마 17:1). 그 높은 산에서 예수님의 얼굴이 바뀌었는데 "그 얼굴이 해 같이 빛"났고 옷이 "빛과 같이 희어졌"다. 빛은 밝음의 상징이요, 깨끗함의 상징이며, 영광스러움의 상징이기도 하다. 주님이 오시면 우리도 부활하게 되어 "얼굴이 해 같이 빛나며 옷이 빛과 같이 희어지는" 영광의 몸의 형체를 소유하게 될 것이다. 죄 문제가 완전히 해결된 상태다!

부활체를 소유한 상태는 전인, 즉 지·정·의가 온전히 회복된 상태이기도 할 것이다. 하나씩 살펴보자. 첫째, 사실 우리의 지성은 죄로 인해 심각히 왜곡되어졌다. 성경을 읽어도 제대로 깨닫지 못하고, 복음을 들어도 제대로 이해하지 못하며, 하나님의 은혜를 받았음에도 그 은혜를 제대로 파악하지 못한다. 죄로 인한 지성의 마비요 심각한 기능 고장이다. 하지만 부활체를 입은 후에는 망가진 지성이 온전히 회복될 것이다. 고린도전서 13장 12절 말씀이다.

"우리가 지금은 거울로 보는 것 같이 희미하나 그 때에는 얼굴과 얼굴을 대하여 볼 것이요 지금은 내가 부분적으로 아나 그 때에는 주께서 나를 아신 것 같이 내가 온전히 알리라"(고전 13:12).

부활체를 입고 난 후에는 하나님을 "얼굴과 얼굴을 대하여" 보게 될 것이고 주께서 우리를 완전하게 아시는 것같이 우리도 하나님을 "온전히" 알게 될 것이다.

막내딸이 다음과 같이 늘 물어본다. "아빠, 천국 가서 도대체 뭐 해? 영원토록 천국에서 뭐 해? 영원히 천국에만 있으면 너무 심심하지 않을까?" 아니다. 절대로 심심하지 않다. 하나님은 무한하신 분이다. 그 무한하신 분을 '얼굴과 얼굴로 대하여 보는 일'은 정말로 압도적일 것이다. 지성과 지식이 폭발할 것이다. 앎의 기쁨이 너무 커서 영원토록 단 한순간도 심심할 겨를조차 없을 것이다.

둘째, 부활체를 입으면 죄로 인해 철저히 황폐화된 우리의 감정도 온전한 회복을 경험하게 될 것이다. 요한계시록 21장 3-4절이다.

"내가 들으니 보좌에서 큰 음성이 나서 이르되 보라 하나님의 장막이 사람들과 함께 있으매 하나님이 그들과 함께 계시리니 그들은 하나님의 백성이 되고 하나님은 친히 그들과 함께 계셔서 모든 눈물을 그 눈에서 닦아 주시니 다시는 사망이 없고 애통하는 것이나 곡하는 것이나 아픈 것이 다시 있지 아니하리니 처음 것들이 다 지나갔음이러라"(계 21:3-4).

하나님의 장막에서 하나님은 우리와 친히 함께 계시면서 "모든 눈물을 우리 눈에서 닦아"주실 것이다. 사망으로 애통하고 아픔으로 곡했던 상처 입은 우리의 마음을 한없이 어루만져 주실 것이다. 하나님은 무한한 사랑으로 무한하게 우리의 감정을 터치하시고 무한하게 우리를 케어해 주실 것이다.

셋째, 부활체를 입으면 우리의 망가질 대로 망가져 버린 의지가 완전하게 회복되어 바르고 참된 이지로 거듭나게 될 것이다. 고린도전서 15장 48-49절을 보자.

"무릇 흙에 속한 자들은 저 흙에 속한 자와 같고 무릇 하늘에 속한 자들은 저 하늘에 속한 이와 같으니 우리가 흙에 속한 자의 형상을 입은 것 같이 또한 하늘에 속한 이의 형상을 입으리라"(고전 15:48-49).

흙에 속한 자들은 "흙에 속한 자와 같이" 행동하며 살 것이다. 하지만 하늘에 속한 자들은 "하늘에 속한 이와 같이" 행동하며 살 것이다. 흙에 속한 자는 사망의 음침한 골짜기인 땅 밑으로 들어가겠지만, 하늘에 속한 자는 찬란한 영생의 공간인 새 하늘과 새 땅에서 "하늘에 속한 이의 형상"에 걸맞은 삶을 살게 될 것이다. 죄를 지을 의지조차도 없고 죄를 짓고 싶은 마음조차도 없는 의지를 가진 채 영원토록 하늘에 속한 자답게 '자유 선택 의지'를 적극적으로 선용하며 살게 될 것이다.

이 땅에서는 모든 것에 대한 '불만족'으로 점철된 인생을 살겠지만, 부활체를 입고 난 후에는 해와 같은 얼굴과 빛처럼 희어진 옷을 입고 '만족'으로 점철된 인생을 누리게 될 것이다. 그러므로 "자족하는 마음이 있으면 경건은 큰 이익이 되느니라"(딤전 6:6)라는 말씀이 온전히 성취될 날도 바로 그리스도의 재림 때, 우리가 부활체를 입게 될 바로 그날이 될 줄 믿는다.

■ **핵심 용어 정리** ■

**부활체**
'다시 살아난 몸'을 의미한다. 인간은 죽으면 몸과 영혼이 분리된다. 예수께서 재림하시면 모든 인류가 부활하게 되는데, 부활의 의미는 죽을 때 분리된 몸과 영혼이 다시 결합한다는 의미이다. 예수 안의 의인은 새 하늘과 새 땅에서 부활체를 가지고 영생하게 되겠지만, 예수 밖의 악인은 지옥에서 부활체를 가지고 영원한 벌을 받게 될 것이다.

**전인적 회복**
부활하면 영혼의 상태가 '영화' 즉 영광스럽게 되는데 이 영화된 상태에 대한 묘사이다. 현재는 죄 때문에 지·정·의 전인의 왜곡이 벌어지고 있지만, 앞으로 부활 후 영화되면 지·정·의 전인의 온전한 회복을 경험하게 될 것이다.

**자족**

'스스로 만족함'이라는 의미이다. 현재는 죄 때문에 완전한 자족을 누릴 수 없지만 주님이 재림하신 후 우리가 부활하게 되면 완전한 자족의 상태로 거듭나게 될 것이다. 자족의 핵심 원동력은 죄 없는 상태 속에서 삼위일체 하나님과 누리는 온전한 교제와 교통이다.

## 양은 그 오른편에, 염소는 왼편에

"좋은 게 좋은 거다"라는 말이 있다. 아주 긍정적인 어감은 아니다. 좀 불법이 있더라도 결과만 좋으면 된다는 식의 무책임한 말일 수도 있고, 좋지 않은 생각은 그만하고 그냥 좋은 생각만 하는 것이 결국 좋은 거라는 근거 없는 낙관론에 입각한 말일 수도 있다. 이런 논리가 교회와 신학 속에도 깊숙하게 들어와 있다. 교회에서 좋은 말만 하면 되지, 굳이 사람들 마음에 상처 주고 사람들 마음에 두려움을 주는 말을 할 필요가 있냐는 논리다. 나는 이것을 '감성 신학'이라고 부르고 싶다. 감성 신학은 인간의 감성에 호소하는 신학이다. 인간 감성의 눈치를 살피는 신학이다.

맞다. 좋은 말만 하면 편하다. 사람들 귀에 듣기 좋은 말만 하면 인

기몰이를 할 수 있다. 좋은 게 좋은 것이니 좋은 말만 하면 서로 그냥 저냥 원원 게임이다. 하나님의 사랑, 축복, 은혜, 하나님 나라, 영생에 대해 말하면 다 좋아한다. 다 좋은 말들이고 다 은혜로운 주제들이다. 하지만 하나님의 사랑, 축복, 은혜, 하나님 나라, 영생'만' 말해서는 안 된다. 사실 신학은 좋은 게 좋은 것이 아니다. 감성적으로는 부딪혀도, 감성적으로는 따라가기 싫어도, 감성적으로는 딱히 마음에 들지 않아도 성경이 말하면 겸비한 자세와 태도로 그 진리를 선포하는 것이 좋은 신학이다.

감성 신학에 찌든 현대인들은 '심판' 이야기를 싫어한다. 교회에서 사랑과 은혜 같은 듣기 좋은 말만 하면 되지 왜 굳이 사람들 심란하게 심판 이야기를 하냐고 삐죽삐죽 툴툴대기도 한다. 하지만 심판에 대한 메시지는 성경 전반에 걸쳐 늘 강조되는 핵심 메시지 중 하나다. 그러므로 심판 메시지를 제거해서는 안 된다. 마태복음 25장 31-33절 말씀을 보자.

"인자가 자기 영광으로 모든 천사와 함께 올 때에 자기 영광의 보좌에 앉으리니 모든 민족을 그 앞에 모으고 각각 구분하기를 목자가 양과 염소를 구분하는 것 같이 하여 양은 그 오른편에 염소는 왼편에 두리라"(마 25:31-33).

이 본문에서 "인자"(人子)는 '사람의 아들'이라는 뜻인데 특히 예수께서 자기 스스로를 인자라고 지칭하실 때는 크게 두 가지 맥락에서 지칭하셨다. 첫째는 그리스도의 인성(人性, 사람이심)이 강조되는 맥락에서 사용되었고, 둘째는 종말론적인 메시아로서 심판주로 재림하시는 맥락 속에서 사용되었다. 이 마태복음 본문에서의 인자는 후자의 용법이다.

심판주로 오실 예수께서는 "자기 영광의 보좌"에 앉으셔서 모든 민족을 그 앞에 모으실 것이다. 모으시는 이유는 목자가 양과 염소를 "구분"하는 것처럼 양으로 상징화된 하나님의 백성은 오른편에, 염소로 상징화된 하나님의 백성이 아닌 자들은 왼편에 두시기 위함이다. 이 본문에서 "구분하다"라고 번역된 헬라어 단어는 '아포리조'(ἀφορίζω)인데 그 뜻은 '분리시키다'(separate), '갈라 내다'(set apart), '따로 세우다'(appoint) 등 다소 강한 의미를 가진 단어다. 이 단어는 마태복음 13장 49절에서도 사용되었는데 "의인 중에서 악인을 갈라 내어"라는 맥락에서 사용되었다. 그만큼 아포리조 동사는 '각각 구분해 분리시켜 갈라 내다'라는 의미가 강한 동사다.

앞서 교회론 부분에서 '가시적 교회'와 '불가시적 교회' 개념에 대해 살펴봤던 기억이 있을 것이다. 현재 이 땅 위의 교회는 가시적 교회이기 때문에 교회 내에 의인과 악인, 중생자와 비중생자, 양과 이리, 신자와 불신자가 섞여 있다. 하지만 그리스도께서 재림하신 후에는 더 이상 이런 '혼합'과 '섞임'은 용납되지 않는다. 그 이유는 심판주이신 예수께서 모든 혼합과 섞임 속에서 확실히 양과 염소를 '각각 구분해 분리시켜 갈라 내실 것'이기 때문이다.

양은 오른편, 염소는 왼편에 보낸다고 해서 지나치게 특정 방향에 특별한 가치를 부여할 필요는 없다. 어떤 사람은 이 구절을 잘못 적용해 일평생 절대로 왼편에는 서지 않고, 왼쪽 비슷한 곳에는 가지도 않을 것이라고 다짐하는데, 다 쓸데없는 다짐이다. '양은 오른편, 염소는 왼편'이라는 표현은 좌우 방향에 대한 가치 판단에 방점을 찍는 표현이 아니라 '각각 구분해 분리시켜 갈라냄'에 방점이 찍혀 있기 때문이다.

그렇다면 과연 무슨 기준으로 누구는 오른편으로, 누구는 왼편으로 가게 만드는 것일까? 요한계시록 20장 11-13절을 살펴보자.

"또 내가 크고 흰 보좌와 그 위에 앉으신 이를 보니 땅과 하늘이 그 앞에서 피하여 간 데 없더라 또 내가 보니 죽은 자들이 큰 자나 작은 자나 그 보좌 앞에 서 있는데 책들이 펴 있고 또 다른 책이 펴졌으니 곧 생명책이라 죽은 자들이 자기 행위를 따라 책들에 기록된 대로 심판을 받으니 바다가 그 가운데에서 죽은 자들을 내주고 또 사망과 음부도 그 가운데에서 죽은 자들을 내주매 각 사람이 자기의 행위대로 심판을 받고"(계 20:11-13).

심판의 기준은 "자기 행위를 따라"이다. 앞서 인간에 대해 살펴볼 때 죄의 본질에 대해 설명했던 기억이 있다. 죄는 단순히 행위의 문제가 아니라 마음의 문제다. 그러므로 이 본문에서 말하는 행위는 단순히 '겉 행위'뿐만 아니라 '속 행위', 즉 마음의 생각까지도 포함하는 전인적 행위를 뜻한다. "크고 흰 보좌"에 예수 그리스도께서 심판주로 앉아 계신다. '큰 보좌'는 위대하신 하나님이 좌정하시는 권위 충만한 보좌란 뜻이며, '흰 보좌'는 무한하게 순결하고 깨끗하며 공의롭고 정의로우신 심판주께서 좌정하시는 권위 충만한 보좌란 뜻이다. 예수 그리스도께서 "크고 흰 보좌"에 앉으셔서 '각 사람이 저지른 자기 행위를 따라' 서슬 퍼런 심판을 하실 것이다. 그러므로 그 누구도 그리스도의 심판에 토를 달 수 없다. 그 누구도 그리스도의 심판에 이의를 제기할 수 없다.

물론 신자도 예외는 아니다. 신자도 "크고 흰 보좌" 앞에 설 것이다. 요한계시록 본문에서는 이를 "죽은 자들이 큰 자나 작은 자나 그 보좌 앞에 서 있는데"(12절)라고 묘사한다. 하지만 양과 염소는 크고 흰 보좌 앞에 서는 궁극적인 목적이 아예 다르다. 염소는 심판을 받기 위해 서지만 양은 심판을 받기 위해 서는 것이 아니라 영생을 받기 위해 선다(계 20:15).

물론 신자도 불신자처럼 "자기의 행위"에 대해 판단받는다. 다만 신자는 '예수 안에서' 판단을 받기 때문에 '정죄함'을 결코 받지 않는다("그러므로 이제 그리스도 예수 안에 있는 자에게는 결코 정죄함이 없나니", 롬 8:1). 신자들은 크고 흰 보좌 앞에서 압도적인 은혜를 누리게 될 것이다.

크고 흰 보좌 앞에서의 분위기는 어떨까? 조심스럽게 예상컨대,

아마도 눈물바다가 될 것이다. 신자들도 울고 불신자도 울 것이다. 신자들은 자기 행위가 그대로 낱낱이 드러남에도 불구하고 그리스도 안에서 의롭다 칭함을 받아 심판받지 않는다. 때문에 감사와 찬송으로 점철된 감격의 눈물로 꺼이꺼이 울 것이다. 불신자들은 '예수 밖에서' 살아생전 저질렀던 자기의 모든 행위에 대해 낱낱이 심판받아 영원한 형벌을 받게 된다는 사실을 인식하기 때문에 꺼이꺼이 슬피 "울며 이를 갈게" 될 것이다(마 13:40-43).

왜 성부 하나님이 직접 세상을 심판하지 않으시고 예수 그리스도께서 대신 심판주가 되실까? 그 해답은 요한복음 5장 22-23절에서 찾아볼 수 있다.

"아버지께서 아무도 심판하지 아니하시고 심판을 다 아들에게 맡기셨으니 이는 모든 사람으로 아버지를 공경하는 것 같이 아들을 공경하게 하려 하심이라 아들을 공경하지 아니하는 자는 그를 보내신 아버지도 공경하지 아니하느니라"(요 5:22-23).

성부 하나님이 성자 그리스도에게 심판의 권세와 권한을 다 '맡기셨다.' 이를 삼위일체론으로 풀어 생각하면 쉽게 이해가 간다. 성부·성자·성령 삼위일체 하나님은 각 위격이 구별되어 있고 구별된 위격에 따라 역할도 구별되어 있다. 성부의 위격적 역할은 '작정', 즉 계획을 세우시는 역할이다. 성자의 위격적 역할은 성부의 계획을

'실행'하시는 역할이다. 성령의 위격적 역할은 성부의 작정과 성자의 실행을 '완성'시켜 우리에게 '적용'하시는 역할이다. 심판도 마찬가지다. 심판의 뜻과 계획은 성부 하나님이 세우셨다. 그 뜻을 실행하시는 분은 성자 하나님이시다. 그러므로 성부 하나님은 실행자이신 성자에게 심판을 맡기신다. 성자의 심판은 성령 하나님 안에서 완성될 것이다.

심판은 반드시 있을 것이다. 아무리 욕을 많이 먹어도, 아무리 따돌림을 심하게 당해도 구약 선지자들이 아랑곳하지 않고 이스라엘의 멸망과 심판에 대해 의연하고 당당하게 외쳤던 것처럼, 우리 모두도 최후 심판에 대해서 의연하고 당당한 자세로 선지자적 목소리를 낼 필요가 있다. 욕을 먹고 따돌림을 당할 것을 두려워해서는 안 된다. 심판에 대한 메시지와 더불어 심판을 피할 유일한 길인 '예수 그리스도'도 함께 전해야 할 사명이 우리 모두에게는 반드시 있다.

■ **핵심 용어 정리** ■

**감성 신학**

신학을 하는 방식 중 하나로서 객관적인 계시에 입각해 신학을 전개하는 것이 아니라 인간의 느낌, 감정, 뉘앙스에 따라 주관적으로 신학을 전개하는 방식을 뜻한다. 감성 신학의 문제는 신학의 방식 및 목적, 결과가 인본주의적으로 흐르게 될 가능성이 농후해져 결국 신학이 인간학으로 빠르게 전락하는 결과가 나타난다는 점이다.

**크고 흰 보좌**

공의로운 심판에 대한 상징적 묘사이다. 무한히 거룩하고 무한히 공의로운 예수 그리스도께서는 크고 흰 보좌에서 모든 인류를 심판하실 것이다. 그 심판은 그 누구도 토 달지 못할 공정한 심판이 될 것이며, 그 누구도 이의를 제기할 수 없는 의로운 심판이 될 것이다.

**심판주**

재림하실 때 그리스도의 존재성에 대한 묘사이다. 그리스도는 초림 때 구속주로 오셨지만, 재림 때는 심판주로 오신다. 그의 심판은 서슬 퍼런 심판이 될 것이며, 모든 굽어졌던 것들이 펴지고 모든 왜곡된 것들이 풀리는 심판이 될 것이다.

새 하늘과 새 땅

뺏겨 버린 용어들이 꽤 많다. 예를 들어 '가톨릭'(catholic)이란 표현을 천주교에게 뺏겨 버렸다. 가톨릭 하면 로마 가톨릭이 떠오르고, 성당이 으레 떠오른다. 천주교가 가톨릭이란 용어를 선점해 버려 안타깝다. 사실 가톨릭이란 표현은 원래 초대교회 교부들도 교회를 묘사할 때 자주 썼던 표현이고 16-17세기 종교개혁 신학자들도 즐겨 사용했던 표현이다. 가톨릭이란 표현에는 '보편적'이라는 의미가 강하게 서려 있기 때문이다.

교회는 기본적으로 보편성(普遍性, catholicity)을 가지고 있다. 보편적 교회를 다른 말로 하면 '공교회'(公敎會)라고도 부르는데 '보편 공교회'란 시공간을 초월하여 예수 그리스도와 사도들로부터 계승된 하나의 거룩한 신앙 체계, 신앙 요소, 신앙적 실천을 가진 교회라는 뜻이다. 그러므로 가톨릭이라는 표현은 특정 종교 안에만 함몰될 수 없는 전 우주적이고도 전 포괄적인 참으로 아름다운 용어다.

가톨릭처럼 뺏겨 버린 또 다른 용어가 있다. 바로 '신천지'(新天地)다. 이제 한국 땅에서는 더 이상 신천지라는 단어를 자유롭게 사용할 수 없게 되었다. 참으로 안타까운 일이다. 그 용어를 사용하는 순간 특정 이단이 떠오르고 특정 교주가 떠오르기 때문이다. 하지만 신천지는 특정 이단만이 선점할 수 있는 용어가 아니다. 신천지의 본래 뜻은 '새 하늘과 새 땅'이라는 매우 성경적인 의미이며 매우 성경적인 개념이기 때문이다. 요한계시록 21장 1절 말씀을 살펴보자.

> "또 내가 새 하늘과 새 땅을 보니 처음 하늘과 처음 땅이 없어졌고 바다도 다시 있지 않더라"(계 21:1).

요한계시록은 사도 요한이 주후 95-96년경에 유배된 밧모섬에서 환상을 보고 기록한 성경이다. 요한은 이 환상 속에서 장차 완성될 "새 하늘과 새 땅"도 환상으로 봤다. '새'라는 번역의 헬라어 단어는 '카이노스'(καινός)인데, '새로운'(new), '사용된 적이 없는'(unused), '알려지지 않은'(unknown) 등의 의미를 지니고 있는 단어이다. 성경에서는 카이노스를 어근으로 '갱신되다'라는 뜻을 가진 '아나카이노오'(ἀνακαινόω)라는 동사, '새롭게 하다'라는 뜻을 가진 '아나

카이니조'(ἀνακαινίζω)라는 동사, '세우다'라는 뜻을 가진 '엥카이니조'(ἐγκαινίζω)라는 동사 등이 파생되어 나왔다. 이처럼 카이노스가 사용된 '새 하늘과 새 땅'은 한 번도 사용된 적이 없고 아직 알려지지 않은 새롭게 갱신된 곳일 것이다.

그렇다면 '새 하늘과 새 땅'은 '옛 하늘과 옛 땅'과 비교해 어떨까? 옛 하늘과 옛 땅이 완전히 파괴된 후 완전히 새로운 하늘과 땅이 다시 만들어지는 것일까? 아니면 완전히 파괴되는 것이 아니라 옛 하늘과 옛 땅에서 왜곡된 것들이 온전히 새롭게 회복되고 갱신되는 것일까? 전자를 가리켜 '불연속적 입장'이라고 부르고, 후자를 가리켜 '연속적 입장'이라고 부른다. 무엇이 더 맞을까? 물론 성경은 불연속적 입장의 뉘앙스도 풍기긴 하지만 성경 전반은 연속적 입장을 좀 더 지지하고 있다고 평가할 수 있다. 요한계시록 21장 5절 말씀을 살펴보자.

"보좌에 앉으신 이가 이르시되 보라 내가 만물을 새롭게 하노라 하시고 또 이르시되 이 말은 신실하고 참되니 기록하라 하시고"(계 21:5).

"보좌에 앉으신 이"는 예수 그리스도이시다. 예수 그리스도께서 "내가 만물을 새롭게 하노라"라고 말씀하신다. 이 본문에서도 앞서 살펴봤던 '카이노스'(καινός)라는 단어가 등장한다. 성경의 용례상 카이노스는 주로 '갱신'이나 '회복'의 맥락에서 많이 쓰였다. 회복과 갱신의 의미는 무엇일까? 예를 들어 보자. 커터 칼을 쓰다가 손가락을 베였다. 깊이 베여서 피가 철철 났다. 상처를 잘 소독하고 주기적으로 연고도 잘 발랐다. 약 한 달 정도 지났더니 상처가 씻은 듯이 없어지고 깊이 파인 살도 새살로 다 메꿔졌다. 그렇다면 이 새살은 누구의 살인가? 이 새살은 어디에서부터 온 것인가? 다른 사람의 살이 이식된 것이 아니라 내 안에 있는 새살이 돋아 나와 깊이 파인 상처를 메꾼 것이다. 이것이 바로 회복이요 갱신이다. 다치기 전의 손가락이 아예 파괴되어 없어진 후 완전히 새로운 손가락이 생긴 것이 아니다. 다친 손가락의 상처가 점차로 아물어 자기 살로 메꾸어져 나왔다. 이것이 회복과 갱신의 의미다.

또 다른 예도 들어 보자. 예수 그리스도께서 십자가에서 죽으셨다. 무덤에 들어가신 후 사흘 만에 다시 부활하셨다. 그렇다면 그리스도의 부활체는 죽기 전 몸과 전혀 상관없는 몸일까? 아니다. 부활이라는 의미는 죽기 전의 상태가 온전히 회복되고 갱신되는 것을 의미하지, 죽기 전의 몸이 완전히 파괴된 후 죽기 전의 몸과 아예 다른 몸으로 부활하는 의미가 아니다. 부활하신 예수께서는 분명 죽기 전과는 다른 모습이셨지만(막달라 마리아는 부활하신 예수님이 동산지기인 줄 착각했다. 요 20:14-15), 동시에 죽기 전과 전혀 다른 모습도 아니셨다. 그 이유는 사람들이 부활하신 예수를 알아보기도 했기 때문이다(부활하신 예수님을 봤던 여인들은 예수님을 알아보고 엎드려 절했다. 마 28:9-10).

새 하늘과 새 땅도 마찬가지일 것이다. 옛 하늘과 옛 땅이 완전히 파괴된 후 예전과 전혀 상관없는 새 하늘과 새 땅이 생기기보다는 이전의 왜곡된 것들이 온전히 회복되고 갱신되는 일이 벌어질 것이다.

물론 가장 균형 잡힌 시각은 연속적 관점과 불연속적 관점 둘 다를 동시에 취하는 것이다. '죄의 시각'에서 봤을 때는 불연속적 관점도 옳다. 그 이유는 새 하늘과 새 땅에서는 옛 하늘과 옛 땅에 존재했던 모든 죄악이 아예 사라지게 될 것이기 때문이다. 그러므로 죄 문제에 대해서는 옛 하늘·옛 땅과 새 하늘·새 땅은 완전히 불연속적일 것이다. 하지만 하나님이 만드신 창조물의 아름다움, 창조 원리, 창조 질서 등은 죄의 때깔을 완전히 벗고 온전히 회복되고 갱신된 형태로 유지될 것이다. 그러므로 불연속적 관점과 연속적 관점 사이에서 신학적 균형을 잡은 채 새 하늘과 새 땅을 바라보게 될 때 비로소 새 하늘과 새 땅의 본질과 속성이 더 뚜렷하게 드러나게 될 줄 믿는다.

사실 새 하늘과 새 땅의 본질 중 가장 핵심적인 본질은 샬롬(שָׁלוֹם), 즉 '화평'이다. 이사야 11장 6-8절 말씀을 살펴보자.

"그 때에 이리가 어린 양과 함께 살며 표범이 어린 염소와 함께 누우며 송아지와 어린 사자와 살진 짐승이 함께 있어 어린 아이에게 끌리며 암소와 곰이 함께 먹으며 그것들의 새끼가 함께 엎드리며 사자가 소처럼 풀을 먹을 것이며 젖 먹는 아이가 독사의 구멍에서 장난하며 젖 뗀 어린 아이가 독사의 굴에 손을 넣을 것이라"(사 11:6-8).

죄는 '분열'을 일으킨다. 죄는 '반목'과 '갈등'을 일으킨다. 그러므로 죄는 화평을 깬다. 하지만 이사야 선지자는 앞으로 완성될 하나님 나라를 '샬롬의 나라'로 묘사했다. 어린 양이 이리와 함께 뛰놀고, 표범이 어린 염소와 함께 누워 있으며, 송아지가 사자와 함께 거하는 곳, 초식동물과 육식동물이 함께 평화롭게 공존할 수 있는 곳, 바로 그곳이 새 하늘과 새 땅이다. 갓 젖 뗀 어린아이가 독사의 굴에 손을 넣어도 전혀 아무렇지 않을 평화의 나라, 그곳이 바로 새 하늘과 새 땅이다. "다시는 사망이 없고 애통하는 것이나 곡하는 것이나 아픈 것이 다시 있지 아니"할 바로 참사랑과 기쁨의 그 나라가 이제 속히 올 것이다(계 21:4).

■ **핵심 용어 정리** ■

**새 하늘과 새 땅**
'장차 완성될 하나님의 나라'를 의미한다. 현재는 죄 때문에 모든 것이 왜곡되고 더러워졌지만, 하나님은 장차 죄로 인해 왜곡된 모든 것을 온전히 회복시키고 완성된 하나님의 나라를 새롭게 세우실 것이다.

**불연속적 입장**
현재의 '옛 하늘과 옛 땅'이 완전히 파괴되고 미래에 '새 하늘과 새 땅'이 완전히 새롭게 열린다는 입장이다.

**연속적 입장**
'옛 하늘과 옛 땅'이 완전히 파괴되기보다는 '새 하늘과 새 땅'으로 온전히 회복·갱신된다는 입장이다.

## 창조와 재창조

　신학은 '일관적'이어야 한다. 좋은 신학은 일관적이고, 좋지 않은 신학은 일관적이지 않다. 왜 신학이 일관적이어야 할까? 그 이유는 진리가 반드시 일관적이기 때문이다. '수학적 진리'를 생각해 보자. 1+1=2다. 하나 더하기 하나는 둘이라는 계산은 만고불변의 진리다. 한국에서도 하나 더하기 하나는 둘이어야 하고, 미국에서도 하나 더하기 하나는 둘이어야 하며, 아프리카에서도 마찬가지다. 이처럼 진리는 일관적이어야 한다. 하물며 일반적인 진리도 그러한데, 하나님에 대해 다루는 학문인 신학의 진리는 더욱더 일관적이어야 하지 않을까? 일관적이어야 좋은 신학이다.

　신학을 거시적으로 조망했을 때 '창조'와 '재창조'라는 주제도 일관적으로 논해져야 한다. 창조와 재창조는 일관적으로 연결되어야 하고, 유기적으로 연결되어야 하며, 상호 존중으로 연결되어야 한다. 그 이유는 '창조'가 신학의 알파이고 '재창조'가 신학의 오메가이기 때문이다. 요한계시록 22장 13절을 살펴보자.

"나는 알파와 오메가요 처음과 마지막이요 시작과 마침이라"(계 22:13).

이 본문에서 "나"는 말씀 그 자체이신 예수 그리스도를 지칭한다. 예수 그리스도는 알파와 오메가이시고, 처음과 마지막이시며, 시작과 마침이시다. 조직신학 제7대 각론도 마찬가지다. 알파와 오메가이신 예수 그리스도를 정점으로 성경론, 신론, 인간론, 기독론, 구원론, 교회론, 종말론이 '창조'와 '재창조'라는 신학적 일관성 가운데 직조되고 주조될 필요가 있다. 이유를 살펴보자.

첫째, 객관적인 계시로서 성경이 우리에게 주어졌다. 하지만 죄로 인해 잘못된 안경을 끼고 주관적으로 성경을 바라본 결과 성경을 하나님의 말씀으로 존중하지 못하는 결과가 발생했고 결국 성경의 권위는 한없이 낮아지게 되었다. 말씀이신 예수 그리스도께서 재림하셔서 이런 상황을 회복시키고 갱신시켜 성경의 권위를 '재창조'하실 것이다. 새 하늘과 새 땅에서 성경의 권위가 가장 드높여질 것이다. 성경의 모든 언약이 어떻게 성취되었는지가 영광스럽게 드러나게 될 것이다. 새 하늘과 새 땅에서 성경론이 온전한 회복을 경험하게 될 것이다.

둘째, 사람들은 하나님을 하나님의 위치에서 끌어내리고 하나님의 위치에 자기들이 대신 올라가기 위해 부단히 애쓰고 있다. 심지어 신학계 내에서조차 무한하신 하나님이 경배와 찬양의 대상이 되기는커녕 오히려 공격과 비난과 무시의 대상이 된 지 오래다. 참 하나님이시고 참 왕이신 예수께서 재림하셔서 새 하늘과 새 땅을 여실 때 하나님의 절대 권위가 온전히 회복될 것이다. 하나님의 '하나님이심'이 온 천하 만방에 드러나게 될 것이다. 새 하늘과 새 땅에서 신론이 온전한 회복을 경험하게 될 것이다.

셋째, 죄악이 뿌리 깊다. 하나님의 형상대로 지음 받은 인간들이 하나님의 형상대로 살기는커녕 하나님의 형상에 찬물을 끼얹는 삶을 살고 있다. 전적 타락했고 전적 부패했다. 그래서 죄인들은 영적으로 전적 무능력한 자들이 되었다. 예수 그리스도께서 재림하실 때 드디어 이런 죄악 덩어리들이 부활체를 입어 온전한 영화를 경험하게 될 것이다. 죄로 왜곡된 하나님의 형상이 온전히 회복되고 갱신되어 '재창조'를 누리게 될 것이다. 새 하늘과 새 땅에서 인간론이 온전한 회복을 경험하게 될 것이다.

넷째, 예수 그리스도의 권위가 땅에 떨어졌다. 현대신학은 예수 그리스도의 신성을 부정하고 있으며 그리스도께서 하셨던 모든 일의 역사성까지도 제거하려 부단히 노력하고 있다. 찬양과 경배받기에 합당한 참 하나님이신 예수 그리스도를 한낱 '최고의 도덕적인 인간' 정도로 격하시키고 있다. 참 하나님이시고 동시에 참 인간이신 예수 그리스도께서 부활체를 가지고 재림하셔서 자신에게 씌워진 온갖 누명들을 스스로 다 벗겨 내실 것이다. 참된 기독론의 '재창조'가 이루어질 것이다. 새 하늘과 새 땅에서 기독론이 온전한 회복을 경험하게 될 것이다.

다섯째, 구원론이 점점 혼탁해지고 있다. 인본주의적 구원론이 판치면서 구원론 내에 공로주의와 행위 구원론이 득세하고 있다. 하나님의 은혜로 시작하는 구원을 못마땅해하며 인간의 공로를 구원론에 적극적으로 첨가시킴으로 더 이상 신학이 아니라 인간학으로 구원론이 변질되고 있는 것이 현재의 상황이다. 유일한 중보자 예수 그리스도께서 재림하셔서 누가 진정한 중보자요 진정한 구원자인지를 밝히 드러내 주실 것이다. 혼탁한 구원론의 지형도에 밝은 빛이 비쳐 구원론의 '재창조'가 이루어질 것이다. 새 하늘과 새 땅에서 구원론이 온전한 회복을 경험하게 될 것이다.

여섯째, 교회가 다 아프다. 교회가 분열되고 있다. 가나안 성도들이 점점 더 늘어가고 있다. 교회에서 상처를 치료받은 사람보다 교회에서 상처받은 사람이 오히려 더 많아지고 있다. 교회 내에 몰래 잠입한 이리들이 양 떼를 이리저리로 흩고 있다. 점차 교회가 망가지고 있다. 안타까운 상황이다. 교회의 머리이시고 교회의 근본과 으뜸이신 예수 그리스도께서 재림하실 때 불가시적 교회가 온전히 완성돼 교회가 교회답게 '재창조'될 것이다. 새 하늘과 새 땅에서 교회론이 온전한 회복을 경험하게 될 것이다.

일곱째, 혹자는 지옥도 없고 심판도 없다고 말한다. 죽으면 다 끝이라고 말한다. 사후 세계가 과연 있을지 의심한다. 천국과 지옥이 있다면 뚜렷한 증거를 가져와 보라고 오히려 적반하장으로 큰소리친다. 새 하늘과 새 땅 개념은 성경이 말하는 '문학적 개념'일 뿐이고 실제성과 실존성은 없다고 과감히 주장하기도 한다. 심판주인 예수 그리스도께서 재림하시면 이 모든 종말론적 설왕설래는 깔끔하게 정리될 것이다. 의심과 회의로 늘 점철되어 있는 종말론이 완전히 '재창조'될 것이다. 새 하늘과 새 땅에서 종말론이 온전한 회복을 경험하게 될 것이다.

모든 신학이 죄로 인해 왜곡되어서 아픔과 슬픔을 경험하고 있지만, 마지막 때가 되면 죄로 인해 왜곡된 모든 신학이 온전히 '재창조' 되어 성경의 진리가 얼마나 일관적인 진리였는지, 신학적인 진리들이 얼마나 일관적인 진리였는지가 온전히 드러나게 될 것이다. 그날이 빨리 오면 좋겠다. 그날이 빨리 오면 참으로 좋겠다.

■ **핵심 용어 정리** ■

**신학적 일관성**
진리가 가지는 기본적인 속성을 뜻한다. 진리는 중구난방도 아니요 애매모호하지도 않다. 진리는 늘 일관적으로 불변한 성질을 가지고 있다. 제7대 조직신학 각론도 마찬가지이다. 신학의 알파와 오메가는 늘 일관적으로 같아야 한다.

**창조**
모든 것의 '시작점'을 의미한다. 시작의 주체는 하나님이시다. 모든 것은 하나님으로부터 시작되고 하나님으로부터 시작된 모든 것은 다 선하고 아름답다. 문제는 죄다. 죄는 인간적인 것이다. 그러므로 인간적인 죄로 말미암아 하나님께서 만드신 창조가 왜곡되었다.

**재창조**
'왜곡된 시작점'에 대한 궁극적 회복을 의미한다. 죄로 인해 왜곡된 창조를 하나님께서는 무책임하게 버리지 않으신다. 하나님은 죄로 심각하게 망가져 버린 창조만물을 온전히 회복해 '재창조'하실 것이다. 하나님은 창조와 재창조의 관계성 내에서 모든 것을 일관성 있게 처리하실 것이다.

## 한 장으로 정리하는 교리

**기독교 종말론은 '이미, 그러나 아직 아닌'의 신학적 긴장 가운데 움직여 간다.**

예수 그리스도의 초림을 통해 이미 천국이 임했지만, 이 천국이 죄로 인해 아직 완성된 것은 아니다. 앞으로 완성될 하나님 나라가 도래할 것이다. 그러므로 기독교 종말론은 비관적이지 않다. 기독교 종말론은 한없이 낙관적이다. 죄로 인해 현재 '아직 아닌' 것들이 모두 다 완성되고 회복되고 갱신될 것이기 때문이다.

**그리스도께서 다시 오시면 '부활'과 '심판'이 있을 것이다.**

그리스도는 부활하셨다. 그리스도의 부활이 첫 열매가 되어서 우리 모두 다 그리스도의 부활의 첫 열매를 전인으로 누리게 될 것이다. 우리도 부활하게 될 것이다. 영화 된 부활체를 받게 될 것이다. 예수 안에 있는 의인은 그리스도의 심판대 앞에서 영생을 받게 될 것이지만, 예수 밖에 있는 악인은 그리스도의 심판대 앞에서 영원한 형벌을 선고받게 될 것이다. 최후 심판의 무시무시함은 반드시 실재하게 될 것이다. 그러므로 반드시 예수 그리스도 안에 있어야만 한다.

**새 하늘과 새 땅이 열리고 왜곡된 창조계가 재창조되는 종말론적 역사가 일어날 것이다.**

현재 우리가 보고 듣고 누리는 모든 것들은 다 죄로 인해 왜곡된 것들뿐이다. 하지만 비참함을 느끼기에는 다소 이르다. 성경이 분명히 선포하듯, 새 하늘과 새 땅이 열리게 될 것이고 모든 왜곡된 피조 세계가 온전히 완성되는 '재창조'가 압도적으로 일어날 것이기 때문이다. 그러므로 기독교 종말론은 마지막 이야기가 아니다. 기독교 종말론은 압도적으로 새로운 시작에 대한 이야기이다.

이 땅이 아무리 살기 퍽퍽하고 힘들어도 언제나 미소를 잃지 않고 살아 낼 수 있는 이유는 기대 가득한 기독교 종말론이 늠름히 자기의 위치를 지키고 있기 때문이다. 종말이 있어 기대된다.

■ **묵상 및 토론 질문** ■

1. 내 삶 속에서 '이미' 완성된 것은 무엇이며, '그러나, 아직 아닌' 것들은 무엇인가? 한번 생각해 보고 나눠 보라.
2. 예수 그리스도께서 심판주로 재림하시는 때를 고대하며 기다리고 있는가? 아니면 가능하면 늦게 오실 것을 원하고 있는가?
3. '부활'과 '새 하늘과 새 땅'은 오늘의 힘듦을 견뎌 내게 만드는 원동력이 될 수 있다. 이를 내세 신앙, 즉 올 세상을 바라보는 신앙이라고 부른다. 내세 신앙의 장단점은 무엇인가?

## 나가는 글

무엇인가를 배우고 나면 '거룩한 책무'가 생긴다. 의술을 배운 사람에게는 죽어 가는 환자를 고쳐야 할 거룩한 책무가 생긴다. 구조 영법을 배운 사람에게는 물에 빠져 죽어 가는 사람을 구해 내야 하는 거룩한 책무가 생긴다. 신학도 마찬가지다. 신학을 배우고 나면 거룩한 책무가 생긴다. 신학을 배운 사람은 성경을 존중하고 성경을 사랑해야 한다. 하나님을 알고 하나님을 사랑해야 한다. 인간의 죄악 된 본성과 피 흘리기까지 싸워 내야 한다. 예수 그리스도를 유일한 중보자로 믿고 그분을 사랑해야 한다. 교회를 섬기고 교회를 사랑해야 한다. 신학을 배운 사람은 주님의 재림을 간절히 고대하며 오늘 하루를 최선을 다해 살아 내야 한다. 신학은 이처럼 우리에게 거룩한 책무를 부여한다. 하지 않으면 안 된다. 해야만 하기 때문에 '책무'(duty)다.

살아 내야 한다. 삶이 없으면 말짱 도루묵이다. 야고보서 3장 13절 말씀이다.

"너희 중에 지혜와 총명이 있는 자가 누구냐 그는 선행으로 말미암아 지혜의 온유함으로 그 행함을 보일지니라"(약 3:13).

성경에 근거한 바른 조직신학을 제대로 공부하면 하나님의 은혜 가운데 신적인 '지혜'와 신적인 '총명'을 선물로 부여받는다. 어떤 사안에 대해서도 지혜와 총명으로 분별할 수 있는 시각이 어느 정도까지 열리게 되고, 쉽사리 반성경적이거나 비성경적인 결정을 내리는 우를 그나마 최소화할 수 있게 된다. 그러나 지혜와 총명은 지혜와 총명 그 자체로 드러나지 않는다. 야고보 사도가 야고보서 전반에 걸쳐 강조하고 또 강조하듯, "선행으로 말미암아" 드러난다. "그 행함"으로만 보인다. 배운 바대로 살아 내지 못하면 그것은 죽은 배움이다.

이 책을 읽은 당신이여, 배운 바대로 살아 내는 데 힘쓰자. 더욱 힘쓰자. 이 책의 독서가 죽은 독서가 되지 않도록 더욱 힘쓰자. 힘쓰기 위한 몇 가지 방식은 다음과 같다.

첫째, 신학이 내 교만의 밑거름이 되지 않도록 힘써야 한다. 신학은 앞서 야고보 사도가 말한 것처럼 그 본질이 신적인 지혜와 총명이므로 신학을 깊게 하다 보면 나도 모르게 은근히 교만해질 수 있다. 그런 사람이 생각보다 훨씬 많다. 벼는 익을수록 고개를 숙인다고 하지 않는가. 신학의 벼 알갱이가 묵직하게 많아지면 많아질수록 무한하신 하나님을 더 깊게 경험하는 것이기 때문에 절대로 고개를 뻣뻣이 치켜세울 수 없다. 목 깁스를 할 수 없다. 하나님 앞에서 겸비하게 고개를 더 깊이 숙일 수밖에 없다. 그러므로 신학함에 있어 "교만은 패망의 선봉이요 거만한 마음은 넘어짐의 앞잡이"(잠 16:18)다.

둘째, 여기서 멈추면 안 된다. 신학의 대상은 무한하신 하나님이다. 그러므로 신학의 범주와 범위는 무한하다. 일평생 신학을 한다고 해서 하나님을 다 알 수 있게 되는 것이 아니다. 이 책 한 권을 읽었다고 해서 조직신학을 섭렵하게 되지 않는다. 지금 우리는 모두 빙산의 일각의 일각의 일각 정도를 맛보았다고 생각하면 된다. 신학의 대상이신 하나님은 감히 측량조차 불가능한 무한한 분이시다. 어제보다 오늘 더 하나님을 깊이 알아야 한다. 그러므로 조직신학은 끝이 없는 학문이다. 멈추는 순간 고인 물이 되어 썩는다. 날마다 "지식에까지 새롭게 하심"(골 3:10)을 입기 위해 부단히 애써야 한다. 이제 조직신학 벽돌 책들도 도전해 보자. 하나님이 은혜를 베푸실 것이다.

셋째, 삶의 증거가 필요하다. 조직신학을 '하기 전'과 '한 후'가 반드시 달라야 한다. 조직신학을 제대로 하면 반드시 달라진다. 하나님이 책임지고 그렇게 만들어 주신다. 삶의 증거의 핵심은 '다름'이다. 만약 이 책을 통해 한 줌이라도 성경, 하나님, 인간, 그리스도, 구원, 교회, 종말을 바라보는 관점이 달라졌다면, 그 다름을 통해 삶의 다름도 반드시 창출되어야 한다. 성경, 하나님, 인간, 그리스도, 구원, 교회, 종말에 대한 시각이 열리면 삶의 가치관과 인생관과 세계관도 반드시 새롭게 열린다. 이 일을 신학의 주인이자 주제이시며, 신학의 시작과 마침 되시는 하나님이 반드시 책임지고 이루어가실 것이다.

책을 최종 마무리하며 말씀 한 구절을 함께 나누었으면 좋겠다. 히브리서 13장 21절 말씀이다.

"모든 선한 일에 너희를 온전하게 하사 자기 뜻을 행하게 하시고 그 앞에 즐거운 것을 예수 그리스도로 말미암아 우리 가운데서 이루시기를 원하노라 영광이 그에게 세세무궁토록 있을지어다 아멘"(히 13:21).

히브리서 말씀처럼 당신이 바른 신학을 탑재해 "온전하게" 되길 소망한다. 온전하게 된 당신을 통해 하나님은 "자기 뜻"을 행하실 것이다. 하나님은 예수 그리스도라는 말씀 안에서 자기 뜻을 "우리 가운데서" 이뤄 가실 것이다. 이 일을 위해 이 책이 작은 마중물이라도 되길 간절히 소망하고 또 소망한다. 아멘.

## 사명선언문

너희가 흠이 없고 순전하여……세상에서 그들 가운데 빛들로
나타내며 생명의 말씀을 밝혀 _ 빌 2:15-16

### 1. 생명을 담겠습니다
만드는 책에 주님 주신 생명을 담겠습니다.
그 책으로 복음을 선포하겠습니다.

### 2. 말씀을 밝히겠습니다
생명의 근본은 말씀입니다.
말씀을 밝혀 성도와 교회의 성장을 돕겠습니다.

### 3. 빛이 되겠습니다
시대와 영혼의 어두움을 밝혀 주님 앞으로 이끄는
빛이 되는 책을 만들겠습니다.

### 4. 순전히 행하겠습니다
책을 만들고 전하는 일과 경영하는 일에 부끄러움이 없는
정직함으로 행하겠습니다.

### 5. 끝까지 전파하겠습니다
모든 사람에게, 땅 끝까지, 주님 오시는 그날까지
복음을 전하는 사명을 다하겠습니다.

## 서점 안내

**광화문점** 서울시 종로구 새문안로 69 구세군회관 1층
02)737-2288 / 02)737-4623(F)

**강남점** 서울시 서초구 신반포로 177 반포쇼핑타운 3동 2층
02)595-1211 / 02)595-3549(F)

**구로점** 서울시 동작구 시흥대로 602, 3층 302호
02)858-8744 / 02)838-0653(F)

**노원점** 서울시 노원구 동일로 1366 삼봉빌딩 지하 1층
02)938-7979 / 02)3391-6169(F)

**일산점** 경기도 고양시 일산서구 중앙로 1391 레이크타운 지하 1층
031)916-8787 / 031)916-8788(F)

**의정부점** 경기도 의정부시 청사로47번길 12 성산타워 3층
031)845-0600 / 031)852-6930(F)

**인터넷서점** www.lifebook.co.kr